milena marković

sympathy for the salami

Translated from the Serbian by
Steven Teref & Maja Teref

DIÁLOGOS
DIALOGOSBOOKS.COM

sympathy for the salami
Milena Marković
Translated from the Serbian by Steven Teref and Maja Teref

Copyright © 2024 Milena Marković, Steven Teref and Maja Teref, and Diálogos Books.

All rights reserved. No part of this work may be reproduced in any form without the expressed written permission of the copyright holders and Diálogos Books.

Printed in the U.S.A.

Book design: Bill Lavender
Cover art: Simonida Rajčević

Library of Congress Control Number: 2024941521
Marković, Milena
Steven Teref and Maja Teref (translators)
sympathy for the salami / Milena Marković;

978-1-956921-29-8 (pbk.)

DIÁLOGOS
DIALOGOSBOOKS.COM

Acknowledgments

We are indebted to the editors who have supported our translations in the following journals:

Allium: "delirium tremens," leave me in peace," and "rock 'n' roll"
Another Chicago Magazine: "d. h. lawrence" and "fuck your cv"
Circumference: "beauty," "heavy wings," "light wings," and "october"
The Common: "a hedge," "little lambs," "oh god, early spring," "silver dust," and "station"
Conduit: "something for prévert"
Exchanges: "the dog that ate the sun," the bombing," "the floor," "herzog," "off i go," "posturing," and "you, brother"
Rhino: "history, juice, salami"
Tupelo Quarterly: "brigitte bardot," "a child's concept," and "puh puh"

We also want to thank Milena Marković for her generous storytelling in helping us contextualize her work and her collaboration on making her poems land in English.

We are ever grateful to Vesna Jevtić for introducing us to Milena Marković's poetry and to Firefly Productions founder Ivana Miković for introducing us to Milena herself. We are thankful to Sveta Jevtić and Dragutin "Buca" Maslovarić for helping us decode the Belgrade slang in Milena's poems.

A special thank you goes to the editors of *Rhino* for awarding "history, juice, salami" their 2023 Translation Prize. We are grateful for their unyielding support.

The poems "the bombing" and "brigitte bardot" were finalists for *The Best Literary Translations 2024 Anthology*.

Members of the Third Coast Translators Collective (TCTC) have provided invaluable feedback to poems in this collection.

We are especially grateful to Slava Faybysh, Kay Heikkinen, Annie Janusch, Susanna Lang, and Lucina Schell.

We are grateful for the unflagging support of Virginia Bell, Aleksandar Bošković, Nada Petković, and Tony Trigilio.

Finally, we thank the readers of *The Common* for making our translations of Milena's work one of the top six most read pieces of 2023 (https://www.thecommononline.org/the-most-read-pieces-of-2023/).

Sadržaj

jebo vas cv	20
ovo su pesme za žive i mrtve	26
rok en rol	28
gimme danger	34
ostavi mene na miru	38
živa ograda	42
patos	46
delirium tremens	48
isus, da li me voli	52
underground	54
vegetarijanci	58
istorija, sok, salama	62
o!	64
jagnjići	66
lepota	68
brižit bardo	72
hercog	74
bili holidej	76
d. h. lorens	80
lili brik	84
o bože, rano proleće	88
bombardovanje	90
istina ima teranje	94
devojčice što radiš sa kaputima	96
boks	100
srebrna prašina	102
prebaci	108

Contents

Blemished Nakedness: Translator's Introduction	xi
fuck your cv	21
these are poems for the living and the dead	27
rock 'n' roll	29
gimme danger	35
leave me in peace	39
a hedge	43
the floor	47
delirium tremens	49
does jesus love me	53
underground	55
vegetarians	59
history, juice, salami	63
oh!	65
little lambs	67
beauty	69
brigitte bardot	73
herzog	75
billie holiday	77
d. h. lawrence	81
lily brik	85
oh god, early spring	89
the bombing	91
truth in heat	95
you, girl, at the coat check	97
kennel	101
silver dust	103
posturing	109

stanica	112
jok	114
puj puj	116
pravim koncept mlada	120
brate	122
moja ćerka	124
iz *Dece* [deda je strašan]	126
nešto za prevera	136
pas koji je pojo sunce	140
ptičje oko na tarabi	144
crni čovek	150
teška krila	152
laka krila	154
oktobar bato	156
iz *Dece* [a spadalo usud je sledećeg leta . . .]	160
ghost town	166
ulica	168
ljuljaška	170
mornari vojnici	176
telo	180
ja	182
crna kašika	184
drug moj	188
vesela	190
odo	192

station	113
nope	115
puh puh	117
a child's concept	121
you, brother	123
my daughter	125
from *Children* [my maternal grandpa was a monster]	127
something for prévert	137
the dog that ate the sun	141
the bird eye on the fence	145
grimmonger	151
heavy wings	153
light wings	155
october	157
from *Children* [fate sent me the rascal . . .]	161
ghost town	167
the street	169
the swing	171
sailors, soldiers	177
a body	181
i	183
tin spoon	185
my friend	189
joyful	191
off i go	193

Blemished Nakedness: Translator's Introduction

Milena Marković is a city poet who revels in the crumbling concrete and shadowy figures of Belgrade and other European metropolises. Many of her poems are about living in a dingy urban world populated by the addicted, the down-and-out, the mad, the shady. Though tragedy may befall some of her characters, rarely is there judgment and rarer still is there pity. Empathy and humor underlie her poems for the fallen. But sometimes, the most fallen figure is the speaker herself. The speaker is always someone in the world, not outside it looking in.

Marković's poem "fuck your cv," though appearing in her fifth poetry collection *Before Everything Started Spinning* (2011), is perhaps the best introduction to her poetry. Here, we have a speaker delivering a disjointed monologue. The speech is deceptively disordered as the reader gets a fast forward through the life of a version of Milena Marković herself. A cascade of run-on phrases barrages the reader with images from childhood to motherhood—a woman unassuming and unapologetic, unflinching in cataloguing random memories throughout her life and culminating in what she doesn't know: "I don't know how to ride a bicycle." Marković's poetry unfurls like a fugue. Motifs, grand and minute, unfold in narrative flowers: the inability to ride a bike, dubious acquaintances, and the hot mess of being. It is no accident that one of the most vivid images is of her as a young woman with bleeding hennaed hair kissing a boyfriend who reeks of pot and cigarettes. The main lesson for us throughout this journey of translating her poems has been Marković's insistence that her work remains explicit, direct, raw, casual. This blemished nakedness permeates her poems, plays, and screenplays. You can smell the stale sweat and greasy hair of her characters. This has been our lodestar.

Marković came of age in the 1990s Belgrade rock music

scene, even appearing as red-clad eye candy in a music video for a local rock band when she was sixteen years old. Like the speaker in "rock 'n' roll," Marković dated musicians she encountered in Belgrade rock clubs like the famed Akademija where the likes of Jim Jarmusch, Johnny Depp, and Emir Kusturica, as well as other indie film directors and actors and many underground musicians once used to haunt. And, like the speaker, she too used heroin. This is not where her story ends, but it is where the story ended for some of those within her circle, which informs apostrophe poems such as "gimme danger" and "leave me in peace." As with Anne Sexton and Charles Bukowski, the speakers in many of Marković's poems are versions of herself. The mess of her earlier experiences is reflected through form in the intentionally unsteadily structured poems "a hedge" and "lily brik." Other poems narratively capture the chaos she lived through as in the poem "the bombing," about the 1999 U.S.-led NATO bombing of Serbia. "The bombing" is especially captivating, written in a matter of fact, unsentimental delivery infused with wry humor.

Conversely, order ironically wrecks its own havoc as hewn in "tin spoon" and "delirium tremens," in which speakers struggle with routine and monotony. The portrait of the speaker that emerges in poem after poem is that of a recovering addict, navigating adulthood with a child with intellectual disabilities. The poet, however, is more than this persona lets on.

Milena Marković is not some wild-lived poet like Jim Carroll, mining her youthful missteps. She is well-educated and lives a successful life as an artist-professor. She graduated in Dramaturgy from the University of Arts in Belgrade in 1998, where she herself now teaches dramaturgy. She is an award-winning poet, playwright, and screenwriter. She has written and performed ten plays, which have been staged across Europe, Japan, and the United States. She has also written screenplays for films and TV series. Her play *Orphan Simeon* won the award for best play at the Sterijino Pozorje theater festival. Her screenplay for the film *Patria* won the Jury Prize—National Program for Best Screenplay at the FEST International Film Festival. She has published seven poetry collections. Her 2021 novel-in-verse, *Children*, was awarded the NIN Book of the Year Award, the Serbian equivalent of a Pulitzer Prize, effectively making her the poet laurate of Serbia. Her plays and poetry have been translated into French, German, and English. *Sympathy for the salami* marks her first collection in English.

In her poetry, Marković's writing alternates between narrative and lyric, but leans toward storytelling. Her poetry is informed by her experience as a playwright and screenwriter where dialogue drives a story. Even the frivolous Richard Brautigan-esque "nope" sounds like an overheard snippet of conversation by a minor character during a party scene in a film. Some verse wears the fabric of an Ai-like persona poem like the menacing mother in "my daughter." Other poems read like flash plays as in the polyphonic voiced "billie holiday." Likewise, the plumber's direct speech in "d. h. lawrence" has the brisk verbal flow of the speaker in Robert Creeley's "I Know a Man." Imagery from her plays recur in her poems. The boat as refuge in "something for prévert" and "off i go" could have been lifted directly from her play *A Boat for Dolls*. Similar motifs migrate through the porous membranes between poem, play, and screenplay. Marković's transgressive genre-crossing is best exemplified in her poem "silver dust" which faithfully reproduces the gritty milieu of the mining town she worked in for the documentary *A Miner's Opera* but expands the scope of the film by delving deep into the folkloric underworld, seedy kafanas, and tragic characters on the periphery of the central action with a quirkiness not unlike the scene of French colonists in the redux version of *Apocalypse Now*.

A reader can also trace other influences, namely Serbian poets in Marković's poetry. Perhaps most familiar to an English-language reader would be a poem like "oh god, early spring," a breezy tragicomic poem about a spring day in Belgrade with an ironic jolting volta reminiscent of a tight Charles Simic lyric poem. Likewise, the sudden ominous crow at the end of "light wings" could be found in a shocking turn concluding a Simic poem from *A Wedding in Hell*.

A parade of Marković poems like "underground," "rock 'n' roll," or "gimme danger" will evoke the gritty urban landscapes found in numerous American writers, but there are street savvy Serbian writers also reflected in her work such as Zvonko Karanović in his poems "The Great Fatigue" and "Psychedelic Fur."

Although her poetics mostly center around urban imagery, Marković can adeptly conjure dangerous dreamscapes. The haunting unreal violent imagery of poems like "october," "light wings," or "heavy wings" subject a reader to malevolent characters and creatures that could have emerged from a Novica Tadić poem. The menace of the speaker in "october" is just as taunting and unforgiving as that found in Tadić's "Red Locust." Birds, frequent figures in Tadić's poetry such as his poem "Raven," are equally menacing in Marković's "heavy wings," "light wings," and "bird eye on the fence." Marković makes them her own and these three poems even loosely form a running motif not unlike Tadić's *Mockerators* series.

Alternately, the flesh feast of carnal candor embodied in the addict groupie in "rock 'n' roll," the powerless sexual obsessive in "[fate sent me the rascal . . .]," and the sexually frustrated vixen in "d. h. lawrence" have their antecedents in the unapologetically sensual poets Nina Živančević and Radmila Lazić.

In our correspondence with her, Marković had cited the

rebelliousness of the zenithists, a Yugoslav group of 1920s experimental writers, as an influence on her poetry, but we see another connection to the homegrown avant-gardists in her poetics. The seemingly random lines in poems like "a hedge" in its references to "celine's cat" and "vysotsky smok[ing] a cigarette" and the jump cuts in poems "fuck your cv" and "oh god, early spring" mirror the sharp shifts in the cinépoetry of Ljubomir Micić's *Damn Your Hundred Gods* and the experiments of Branko Ve Poljanski's anti-Dada poems like "Blind Man Number 52."

The Balkan avant-garde DNA in Marković's poems can also be traced in the all-pervasive avian permeating her poem "bird eye on the fence," which plays a similar haunting role as the bird in the Belgrade surrealist Milan Dedinac's long poem *Public Bird*.

A word must be said about the stylization of Marković's poetry. From poem to poem, book to book, Marković has treated capitalization inconsistently while she perfected her poetics, all leading to her masterstroke *Children*, where she settled on discarding capitalization altogether along with punctuation. Her journey has been instructive in how we have approached reproducing her work for an English-language readership. We have consistently kept lowercase all proper nouns and the beginnings of lines and stanzas, which is no small blessing for our editor, because it is in keeping with the direction of Milena's poetics. We retained capitalizing the first person singular because we felt that it smacked too much of e. e. cummings, which is not what Marković was emulating. The capitalization of the *I* is open to interpretation because in Serbian *ja* is always lowercase unless it begins a sentence. We took the liberty of capitalizing it because otherwise the *i* would get lost in a sea of lowercase letters. The speaker in Marković's poems is never lost. She may struggle but she surfaces despite the downward tug of defeat. The *I* reflects this striving, this survival. As the Roxy Music song "The Thrill of It All" goes, you might as well live.

This book could not have been completed without Marković's collaboration. Our conversations in Belgrade and email correspondence have enriched our ability to transport her voice into English. Through our humorous illuminating exchanges, she revealed the absurdist influence of Oberiu writers like Daniil Kharms, which gave us a window into the jarring synecdoche of "the bird eye on the fence," and the rebellious spirit of the zenithists, which is best reflected in the transgressive language and defiant ugliness of poems such as "underground."

As translators, Maja and I have multiple ways in which we interact as a translator couple. Oftentimes, we will sit side by side and take turns translating and transcribing as we work our way through a text. Sometimes though, one of us may translate a poem and later have the other check it. The poem "little lambs" is an example whereby Maja wrote out her translation in a notebook, which I later typed up and checked against the original. In the middle of the poem where "a band of clouds cross above my son," Maja had followed the line with "while he squatted in the shallows," yet I misread her writing "shallows" as "shadows." The misread line made sense to me considering the image from the previous line in which the "shadows" of the clouds cast a particularly vivid picture. It was only when I checked it against the original and saw that the line was actually "while crouching in the water" ("dok je čučao u vodi") that I caught my error. Generally, we would just correct the misreading and move on, but we felt that the misreading worked quite well with the rest of the poem's imagery. When we shared this anecdote with Marković, she loved the happy accident and encouraged us to keep the new line. We've come to learn, in working with her, that she allows her art to evolve and change through translation instead of rigidly adhering to the published original. Her openness to changing the text, we feel, exemplifies a true collaboration because as literary translators, with the poet, we are allowed to experiment, play, and, as Maja elegantly phrased it, "glide along the author-translator continuum" and elaborated that "when mutual trust exists in such a relationship, the art accumulates meaning and continues to grow, resisting the shackles of a strict transactional exchange."[*]

—Steven Teref

---

[*] "Translators Note" from *The Common Online* (10/5/2023).

sympathy for the salami

jebo vas cv

ja se zovem milena marković rođena sam u
zemunu jednog jutra u aprilu moja majka je
stigla da da doručak sestri i bratu ispala sam
uredno glavom i bila sam dobra beba
soba je bila mala i pregrađena ormarom na
muški i ženski deo sećam se kreveca sa
mrežom i njih velikih kako idu tamo dok me
neko ne uhvati i presvuče onda sam suva i
otac mi se smeje i kad smo išli na selo pravio
je tobogan kolima tako što se zaletao na
nizbrdicu i skoro da nisam više tako nešto
lepo doživela osim ono kratko kad se napijem
pre nego što sve počne da se vrti išla sam sa
bratom na duge šetnje pored reke preko
mosta pa u grad jednom sam stavila kanu na
kosu i pala je kiša i crvena voda je krenula da
curi niz moj vrat i taj me stariji momak
poljubio na stanici i smejao se a mirisao je na
duvan i dop i bila je stara peć u vajatu gde
sam ja sedela satima i čeze su bile
a onda bih legla na travu i gledala
bagrenje i nebo topole i nebo
šljivik je bio i kukuruz i jako hladna reka i
srebrne pastrmke i rodila sam dete rano
i dojila sam dete dve godine i on nije nikako
počinjao da priča i stalno je trčao i trčao
i živela sam sama u stanu koji je gledao na
krovove i kuvala sam i smejala se i trčala i
padala i preživela sam ja se zovem milena
marković i odrasla sam na novom beogradu
onda sam otišla na đeram pijacu pa sam se
opet vratila na novi beograd vrlo verovatno

fuck your cv

my name is milena marković I was born in
zemun one april morning my mother
managed to cook breakfast for my sister and brother I tumbled out
headfirst and I was a good baby
my room was small and divided by a wardrobe into
male and female sections I remember my crib with
netting and the grown-ups came and went till
someone picked me up and changed me then I was dry and
my father smiled at me and when we went to the countryside
my father drove fast downhill as if we were in a toboggan
I had never experienced anything
so thrilling except briefly when I got drunk
before everything started spinning I went with
my brother on long walks by the river across
a bridge into the city once I hennaed
my hair and it rained and red water washed down
my neck and an older boyfriend
kissed me at the bus stop and smiled and smelled
of tobacco and dope and there was an old furnace in the woodshed
where I was sitting for hours and there was even an unhorsed carriage
and then I would lie down on the grass and I watched
people ice fishing and the sky of a poplar and the sky
the plum orchard was there and a cornfield and a very cold river and
silver trout and I gave birth prematurely
and breastfed for two years and he was nowhere
near to talking and he ran and ran all the time
and I lived alone in an apartment overlooking
the roofs and I cooked and laughed and ran and
fell and survived my name is milena
marković and I grew up in new belgrade
then I went to the đeram farmers market and then
I returned to new belgrade quite possibly

ću tu i ostati do samog kraja
ne znam da vozim bicikl i ne znam i znam
vrlo malo stvari i znam da ću da kraja još
manje da naučim.

I'll stay there till the end
I don't know how to ride a bicycle and I don't know
how to drive a car and I have difficulty with math and I know
very few things and I know that by the end
I'll learn even less.

※

ovo su pesme za žive i mrtve

i za one što neće umreti
za one što hodaju za one što trče
po lišću i barama po snegu i pesku
ovo su pesme za decu
koja ne idu po mraku
ovo su pesme za decu
koja su po mraku išla
da nađu put iz mraka da izađu.
ovo ću reći njima
da nisu sami u mraku
ovo ću reći onima
što su u mraku sami
ovo sam ja što sam bila
sa mrtvima i živima
ovo sam ja što sam bila u mraku
ovo sam ja što nisam izašla.
niste sami u mraku
tu sam ja i ima nas puno
hodamo trčimo igramo dišemo
tu sam i nije kraj.
nije kraj dok ne bude kraj
mrak nije najgore mesto
kraj nije najgore mesto
strah je najgore mesto.

these are poems for the living and the dead

and for those who won't die
for those who walk and those who run
on the leaves, in the puddles, snow, and sand
these are poems for children
who don't walk in the murk
these are poems for children
who used to walk in the murk
to find the way out of it.
I will tell them
they aren't alone in the murk
I'll tell those
who are alone in the murk
I used to be
with the dead and the living
I used to be in the murk
and I never left.
you are not alone in the murk
I am here and many of us others
we walk, run, play, breathe
I'm right here and it's not the end.
it's not the end until it is
the murk is not the worst place
the end is not the worst place
fear is.

rok en rol

imala sam dečka gitaristu
pa sam imala dečka pevača
pa sam imala dečka basistu
pa sam se udala za studenta režije
posle sam imala dečka ritam gitaristu
on je držao muzički studio
na mestu gde mu je deda držao štale
samo nikad nisam imala dečka bubnjara
i to je živa istina.
pokušala sam da nađem muziku dečka gitariste
i nisam našla
onda sam pokušala da nađem muziku
dečka pevača
i nisam mogla da nađem
mali bendovi
ali sasvim dovoljni da mi
pribave poštovanje
tamo u gimnaziji gde nisam ništa učila
samo sam mislila o instrumentima.
basista je bio učitelj za razne stvari koje se
tiču jebanja
sa njim sam bila tri godine
ostavila sam ga kad sam upisala fakultet
tamo je bilo momaka ko salate
a mutila sam i sa dripcima
samo nisam htela sa njima
tada su dripci počeli da ratuju
bilo je nezgodno motati se sa dripcima
ja sam želela samo muziku
basista je živeo na trećem spratu
ponekad ugledam kako svetli taj prozor
nismo izlazili nije bilo para

rock 'n' roll

I had a guitarist boyfriend
a singer boyfriend
a bassist boyfriend
I married a film student
then dated a rhythm guitarist
who had a recording studio
where his grandpa once kept horses
I just never dated a drummer
believe it or not.
I looked for the guitarist boyfriend's music
couldn't find it
then I looked for the music
of the singer boyfriend
but couldn't find it
they were small bands
but quite worthy
of my respect
I was so obsessed with music instruments
I didn't learn a thing in high school.
the bassist was a teacher of sundry things
regarding fucking
we were together three years
I left him when I went to college
there, guys sprouted everywhere
but I hung out with slackers
I just didn't go with them
they eventually went off to war
I only wanted music
the bassist lived on the third floor
I'd look up to see the light coming from his window
we didn't go out—we were broke
his band once played a local show

onda jednom su svirali u kraju
pevala je čuvena pevačica
jedna što je potrošila mnoga imanja
i mnoge sinove malih gradova
navukla na dop
i došli su moji dripci i hteli su da
biju ovog basistu
a onda je neko krenuo da skida luster
mene su častili dobrim horsom i
sve mi je bilo divno
bila sam glavna u neku ruku
to je ono što je bilo bitno.
sa studentom sam čekala dete
kada je basista došao u moju sobu
da mi kaže da mi ne želi dobro i da sam mu
upropastila život
on nije otišao na neku turneju
jer je imao druga posla
sa glavnom devojkom heroinom
zvao je godinama telefonom
i pričao mi kako živi on,
njegov brat i njegova majka
onda mi je ispričao da mu se devojka
jebe za dop
i da to nije strašno
svi se napale i onda brzo svrše
i prestao je da zove.
tako, naći ću jednog dana snimak
i videću ga kako svira
sa kosom ispod dupeta
i neću da mislim o heroinu
nego kako sam ga upoznala.

opening for a famous singer
who'd lost everything
and hooked many small-town boys
on dope
my slacker friends came
to beat up the bassist
someone almost tore down the chandelier
they treated me to good horse
I felt wonderful
I was the main attraction
that's what mattered.
one day, I got knocked up by the student
the bassist came to my place
he didn't wish me well
said I ruined his life
he missed a tour
because he had other business
with his heroin girl
for years he called me
to tell me about his life, his brother's and his mother's lives
to tell me his girlfriend
fucks for dope
but it wasn't so bad
they all got horny and came quickly
he stopped calling after that.
someday, I'll find footage
of him playing
with his hair past his ass
and I won't think about heroin
but of how I'd met him.

back when my singer boyfriend
was recording a song, the bassist

bila sam sa dečkom pevačem
kad je on snimao svoju pesmu i onda je basista
došao u studio i gledao me dugo
onda je otišao i vratio se sa
čokoladnim jajetom, a unutra je bila
igračka
ja sam pojela jaje a on mi je napravio
igračku
i dirao mi je leđa dok je dečko pevač
pevao svoju stvar
ne okreći se sestro
kada mi je rekao kako mi ne želi dobro
moji su upali kolima u reku i
cvileli ko kučići dok se nisu izvukli
ja sam rodila retardiranog sina
nikad nisam mnogo volela drogu
ona me nije ništa načela
a piće jeste i morala sam da mu kažem zbogom
imala sam dečka gitaristu
on me verovatno ne pamti
imala sam dečka pevača
on je inače frizer
ritam gitarista i dalje ima studio
volim da ga sretnem
onaj prozor na trećem spratu gori
gde sam učila jebanje

dobro je da nisam imala dečka
bubnjara
šta bi tek onda bilo.

showed up at the studio and stared at me
he left and returned with a chocolate egg—it had a toy inside
I ate the egg and he snapped the toy
together
he stroked my back while the singer boyfriend
sang his track
(oh sister)
that's when he told me he didn't wish me well
my family drove into the river after that
and whined like little pups as they wriggled out of the car
I gave birth to a dim bulb of a son
I never liked drugs that much
just didn't do much for me
drink did—so I had to give it up
the guitarist boyfriend
probably doesn't remember me
the singer boyfriend
is a hair stylist now
the rhythm guitarist still has a recording studio
I like to run into him
the light is still on
in the third-floor window
where I learned about fucking

it's good that I didn't date a drummer
god knows what would've happened.

gimme danger

little stranger
and I feel your appeal
gimme danger
little stranger
and I feel your disease

nećeš biti jedini na tom
ima tu još ljudi koje znaš
ona lepa dugonoga
koja te je čekala danima
na primer
a ima još, a ne mogu da se setim
i neću da se setim
the girl can't help it
she was born to please

šta je bilo sa onom malom
što je puštala temu iz cat people
kad su tebe vodili u žandarmeriju
a ti si joj poslao poljubac
you shake my nerves
and you rattle my brain
too much love drives a man insane

pevaš to u zapaljenoj kanti
onda obijaš samišku
tamo piješ jedeš
posereš se na faks helizim
onda dolazi murija
ne bi te nikad uhvatili
da se nisi okliznuo na sopstveno govno
onda

gimme danger

"little stranger
and I feel your appeal
gimme danger
little stranger
and I feel your disease"*

you won't be the only one in that lush cemetery
you'll know people there
like the pretty long-legged woman
who waited days for you
there are others, but I can't remember
nor do I want to
"the girl can't help it
she was born to please"

whatever happened to that young thing
who played the *cat people* soundtrack
you blew her a kiss
as you were dragged off to jail
"you shake my nerves
and you rattle my brain
too much love drives a man insane"

you sang in a burning dumpster
then you broke into the supermarket
and there you drank, ate
took a dump on laundry detergent
the cops never would've caught you
had you not slipped on your own shit

---
* The opening and closing quotes are adapted from The Stooges' "Gimme Danger," the second quote is from Little Richards' "The Girl Can't Help It," and the third quote is from Jerry Lee Lewis' "Great Balls of Fire."

žandari kojima smrde kola
tvoja ljubav odlazi sa drugim
to veče i dosta puta posle toga
jesi li mislio na nju
šta si video kad si spavao
dok se nisi ugasio
da li si čuo muziku
ja ću sad da ti pustim

gimme danger
little stranger
and I feel
and I feel
nothing in my dreams
just some ugly memory.

and wound up
in the reeking squad car
your love left for another
that evening and many times after
did you think of her
what did you see while you slept
until your dreams stopped
did you hear the music
let me play it for you

"gimme danger
little stranger
and I feel
and I feel
nothing in my dreams
just some ugly memory."

ostavi mene na miru

kažem ti na onaj svet
sve su devojke i dalje
zaljubljene u tebe
sada imaju četrdeset
dobro izgledaju
rade poslove
imaju po dvoje dece
čuju se telefonom
piju kafu i misle da bi
ostao živ da si
bio sa nekom od njih
a ne sa onom što si bio.
lepo si to smislio
sada bi bio neki bivši ratnik
kriminalac ili obezbeđenje
možda bi nameštao klima aparate
ili pio ispred radnje sa pljeskavicama.
ovako vidiš lepi
sve su devojke i dalje
zaljubljene u tebe
i voleće te do smrti
u svojim lepim stanovima.
što se mene tiče
ušao si u literaturu
zamisli, mnoge dobre ribe
pametne od dvadeset i nešto
zamišljaju ko li je bio taj
kako li je izgledao
u čemu je bila stvar.
kažem ti na onaj svet
ostala ti je ružica, maja,
smiljana, marija, sandra,

leave me in peace

I'm telling you, stay in the afterlife
all the young women are still
in love with you
they're about forty years old now
good-looking
employed
have two children each
they talk on the phone
they drink coffee and think that you would
still be alive had you
chosen one of them
and not the one you did.
you had the right idea
now you would've been an ex-soldier
a criminal or a security guard
or you'd be installing air conditioners
or you'd be drinking in front of a pljeskavica stand.
this way, gorgeous
all the young women are still
in love with you
and will love you to the end
in their beautiful apartments.
as for me, you entered literature
imagine, many young women
twenty-something and smart
are wondering who that guy was
what he used to look like
what made him special.
I'm telling you, stay in the afterlife
you left behind ružica, maja,
smiljana, marija, sandra,
dragana, vesna, ružica

dragana, vesna, ružica,
kažem ti na onaj svet
ostavi mene na miru
živ ti ja.

I'm telling you, stay in the afterlife
leave me in peace
why don't you.

živa ograda

da se zalepi licemerima
koji vire da vide
našu baštu
nema tu ništa
tu se roštilja
tu se ispijaju pića
tu dolaze
razni nesrećnici
tu ja plačem
tu ti čitaš
neko prespava
neko biva izbačen
neka devojka se napije
pa joj je sutra žao
prijatelji se potuku
zbog nečega od pre
neko nekom pljune u piće
oči na listovima
oči na prozorima
prljavo od dečjih rukica
parket uništen štiklama
najveći šljam je taj što viri
najveći šljam je taj što zaključuje
najveći šljam su ti
znaš već koji
ono
pohvali neprijatelja
da ga otupiš
selinova mačka
visocki puši cigaretu
što je meni bitno da čujem lepu reč
ja lutam po poljima

a hedge

for the hypocrites
peering over it
at our garden
there's nothing special here
we barbeque
we booze it up
many unfortunates
come here
I cry here
you read here
someone sleeps over
someone gets kicked out
some young women get drunk
then regret it the next day
our friends fight
over some old slight
someone spits into someone else's drink
eyes on calves
eyes on windows
smudged from children's little hands
high-heel-pocked parquet
the biggest trash peer over the hedge
the biggest trash assumes
the biggest trash
you know who
so
praise an enemy
to soften them
celine's cat
vysotsky smokes a cigarette
aren't I glad to hear high praise
I roam the fields

iznad njih nebo iz koga curi mleko
u tim rekama ide krv
nema belog kamenja
što je meni bitan svet
što su meni bitni ljudi
ja imam svoje dlake
da grizem.

above them
the sky drips milk
in those rivers blood flows
there aren't any white rocks
what do I care for the world
what do I care for people
I have my own hair
to chew on.

patos

moj drug kova me je učio
temeljnoj samoodbrani u mojoj dnevnoj sobi
na zvezdari pored pijace đeram
dok smo pili crno vino i slušali naše bogove.
drali smo kolena i laktove
uspela sam nekoliko puta da ga oborim
ali samo kad bih ga pre toga poljubila
onda se on smejao na podu
takoreći puco je od smeha.

igrali smo u savršenim krugovima
po hodniku i dnevnoj sobi dok su
probuđene komšije pravednici lupali
u radijator i gasili struju.

pevali smo u dva jaka glasa
a ponekad i plakali
mislim da je već bio bolestan
iznutra i spolja mada ga je bilo
teško oboriti.

pucam od smeha dragi moj
što nisi izdržao još lutko lepa
od onda nikog nisam
oborila na patos.

the floor

my friend kova taught me
basic self-defense in my living room
in zvezdara by the đeram farmers market
while we drank red wine and listened to our rock gods.
we scraped our knees and elbows
a few times I managed to pin him down
but only after I kissed him first
then he laughed on the floor
bursting at the seams.

we danced in perfect circles
in the hallway and the living room while
the awakened righteous neighbors banged on
the radiators and cut the power.

we sang at the top of our lungs
sometimes we even cried
I think he'd already fallen ill
through and through though it was
hard to pin him down.

I'm bursting with laughter, my dear friend
why couldn't you make it, beautiful
since then, I haven't
pinned anyone down.

delirium tremens

tek sam prestala dva cela dana
pošto mi je đavo sa konjskom glavom
pucao glavom o zid
kada sam otišla u kuću pored reke
koju pravi moja majka i još je nije završila
došao je pop da osveti kuću
jednog vlažnog dana i nije hteo da ruča
tek je oženjen i mala su mu deca
a moj jedan brat me je terao da popijem
ja sam rekla da ne smem
pošto me je đavo sa konjskom glavom
pucao glavom o zid
a bata je rekao pa to je najlepše
najlepše je kad ti đavo lično
sa konjskom glavom pukne glavu o zid
ja to najviše volim rekao je

nisam mogla da izdržim da ne pijem
pa sam šetala oko kuće
koju moja majka još nije završila
tek sam prestala dva meseca
kad me je nazvao moj drug i rekao mi
ovde sam sa jednim što te se seća
kaže da si bila najlepša devojčica
jao kako sam htela da popijem
ako se taj seća mene taj se seća svega
jao što bi to bilo dobro pijenje
i bilo bi dobro da se ne završi u krvi
a najlepše je kad ti đavo lično
pusti krv i povraćku
kad curiš gore i dole na hladnim
pločicama svemirskog klozeta

delirium tremens

it'd been two whole days since I quit drinking
the horse-headed devil
had been bashing my head against the wall
when I moved into my mother's unfinished house by the river
the priest stopped by to bless the house one wet day
but he didn't want to join us for lunch
he was newly married with little kids
one of my brothers was pressuring me to drink
I told him I couldn't
because the horse-headed devil
was bashing my head against the wall
my little brother said that that's the best
the best is when the horse-headed devil himself
bashes your head against the wall
I love that the most, he said

the thought of not drinking
made me pace outside my mother's unfinished house
it had been two months since I quit drinking
when my friend called and said
I'm sitting here with someone who remembers you
he says you were the most beautiful girl
oh god did I need a drink
if that guy remembered me, he remembered everything
oh god if only I could've had a drink
without it ending in blood
the best is when the devil himself
spews my blood and vomit
when I seep from everywhere on the cold
tiles of an outer space bathroom

it'd been six months since I quit drinking

tek sam bila prestala šest meseci
kad sam sedela sa drugom i pila kafu
i rekla mu da mi je bilo teško kad me je pozvao
i da sam poželela da popijem
on mi je rekao, da znaš
bilo je divno to veče
ušla je jedna riba tamo
jedna jedina žena i svi su bili oko nje
onda me je pogledala i rekla
gospodine, vas ću da jebem

moja majka još nije završila kuću
tek sam prestala da pijem godinu dana
kada sam shvatila
da više ne mogu da pijem
jer odmah zaspim
a starog đavola lično
sa konjskom glavom i mudima
sanjam.

when I was having coffee with a friend
and told him it was hard for me when he called
and that I craved a drink
he said to me, just so you know
that was a beautiful evening
when you came in
the only woman there and everyone gathered around you
but you looked at me and said
mister, you're the one I'm gonna fuck

my mother's house was still unfinished
it had been a year
when I realized
I couldn't drink anymore
because I would fall fast asleep
and dream of the old devil himself
the one with a horse's head and balls.

isus, da li me voli

jedno mi je veče drug
bubnjar đakon i lepotan
reko da me isus voli
i pričali smo o tome
ja nisam bila sigurna u to
ali
počela sam da verujem
počelo je gadno jutro drug je reko
čekaj da spakujem opremu pa ću
da te vodim kući
onda je zvonio telefon
rekao je
ti stvarno nemaš mere
i tako
nisam saznala
da li mene stvarno
isus voli.

does jesus love me

one night my friend
a drummer, a deacon, a gorgeous guy
said that jesus loves me
so we talked about it
well into the nasty morning
I wasn't convinced
but
I began to warm to the idea
my friend said
wait for me to pack up my kit so I can
take you home
then my phone rang
the voice said
where the hell are you
and so
I never found out
if jesus really
loves me.

underground

strašno se plašim prošlih dana
i mnogo ih želim ponekad,
kad vidim te lažljive pacove naduvene
od droge i pića oni mi kažu nešto na uvo
kažu sanjam te mrzeo sam te
jebaću ti mater što se ne javljaš
najviše na svetu sam te voleo
neću da dam da neko nešto kaže o tebi loše
a ljudi pričaju samo da znaš
da li se sećaš kako sam te čuvao
i nisi bila na sahrani a samo sam tebe čekao
nema veze pričaćemo kad se vidimo
opet je sahrana i teče rakija, prate ražnjići
kažu mome sinu reci mami da neću
nikad da se ženim
onda vidim nekog ko mi je doneo radost i
kažem sebi taj mi je doneo radost i lepo će
da ostari
onda on pita da li ima negde nekog posla
ja sam uspela za njih
i možda nekom nađem posao nekom ko
nije u stanju
da ustane po pola dana iz kreveta
tu sedi žena ima žvale oko usta
muž je nalazi po
raznim stanovima u dva popodne a krenula je juče.

strašno se plašim prošlih dana
i mnogo ih želim ponekad,
imam li pravo da se molim da
nastavim dalje
imam li pravo

underground

I dread the past
and sometimes yearn for it
when I run into the lying vermin bloated
from drugs and booze, they whisper in my ear
I still dream about you, I used to hate you,
fuck you, bitch, why didn't you call me
I loved you more than anyone else
I wouldn't let anyone badmouth you
and people talk, just so you know
do you remember how I took care of you
and you hadn't even come to the funeral, I was looking all over for you
no matter, we'll talk when we see each other again
another funeral, rakija flows, kebab follows
they tell my son tell your mom I was
saving myself for her
then I run into the one who had made me happy and
I tell myself that one used to make me happy and would
age gracefully
but then he asks me to find him a job
in their eyes I've made it
so maybe they think I'd find a job for someone who
is in no condition
to get out of bed before noon
a woman sits there with dried spit at the corners of her mouth
her husband finds her all over town
after she had left 2 p.m. the day before.

I dread the past
and sometimes yearn for it
do I have the right to ask
to live
do I have the right

razni su mrtvi, poluživi i imaju side, hepatitise
ili makar krvave prolive.

strašno se plašim prošlih dana
i mnogo ih želim ponekad
ne mogu da pričam o tome
nemam sa kim
neki što su bili tamo prave se blesavi
kupuju stvari i upoznaju nove ljude
imaju pravo da žive i dalje
bez bolesti podliva i krvavih proliva i bez
jebaću ti mater što se ne javljaš.
budim se u znoju kad se setim
kako su me vile pronele, a opet
ja želim te strašne dane
o kako želim te strašne dane!

many are dead, half dead from aids, hepatitis
or bloody diarrhea.

I dread the past
and sometimes yearn for it
I can't talk about it
no one to talk to
some who used to be there now play stupid
they buy stuff and meet new people
they have the right to live
without diseases, bruises, and bloody diarrhea and without
fuck you, bitch, why didn't you call me.
I wake up in a sweat when I remember
how angels had carried me, and yet
I yearn for those horrific days
oh, how I yearn for them.

vegetarijanci

de si mi sad druže
kad slušam muziku
jesi mrtav
što si mi mrtav bre
kad mi trebaš sad
kad slušam muziku
što si mi mrtav kad mi trebaš sad
tolki su ostali
mogli su da ti pljunu
pod prozor
jebi ga druže
gde si
zavrti me
kad slušam muziku
tolke reči
značajne
a nema ko da me
zavrti
jebo ti pas mater
to su oni pisali samo za nas
samo smo mi to razumeli
za nas su pisali života mi
serem im se u uši
eno ih žive
sto godina
žive zdravo
ne jedu meso
trče po trakama
mažu kreme
a tebe nema
budalo.

vegetarians

where are you now, my friend
when I listen to music
dead, aren't you
why you
when I need you now
as I listen to music
why you
when I need you now
so many are still around
who can't hold a candle to you
fuck
where are you
to twirl me around
when I listen to music
so many deep
lyrics
and there is no one to give me
a twirl
fuck you, motherfucker
they wrote those songs for us
we're the only ones who got them
they wrote them for us, trust me
I don't give a shit about the ones who stuck it out
they can live
a hundred years
live healthy
give up meat
run on treadmills
smear on creams
but you're gone,
you fool.

❋

istorija, sok, salama

gleda me spomenik i pita me
da li se sećam
ne
gleda me grob neki i pita me
da li ga žalim
ne
grade ga grade ponovo
sa skele padne siromašak
da li ga žalim
da
žalim ga sa pola kila leba
salamom
sokom što je pola popio
žalim za sokom
žalim za salamom
žalim za ženom što ga čeka
žalim za sobom što sve to
gledam
a imam pare u džepu
i ne znam odakle sam
od kurjaka i medveda
od onih što su na skeli
bili pa pali
ima ljudi kao ti
žale za spomenikom
grobom
nepravdom jadom
ja eto žalim za
salamom.

history, juice, salami

a monument sees me and asks
if I remember
no
a grave sees me and asks
if I feel pity
no
more and more graves sprout
some poor bastard falls off the scaffolding
do I feel pity
yes
I pity him with the half loaf of bread
salami
the juice he never finished
I pity the juice
I pity the salami
I feel sorry for the woman waiting for him
I regret watching
all this
I have money in my pocket
I don't know where I'm from
from wolf or bear
from those who fell
off the scaffolding
there are people like you
who pity the monument
the grave
injustice, misery
yet here I am pitying
the salami.

o!

nebo trudno oblacima
pisalo je biće smak sveta
danas za ručak imam meso od krmače
znam da je bila žensko
i da je imala mnogo dece
a jedno je prase bilo crno i žgoljavo
dan danas je živo
i seća se majke koja mu nije dala
sisu
pored mesa od krmače imam luk
izrastao pored autoputa
kupila ja
prodao momak sa bradom
i mladom ljubomornom ženom
pored luka imam krompir
za krompir nemam šta da kažem
to je reč za poštovanje
i bolje da o tome ne pričam
moglo bi da bude
svašta.

oh!

a cloud pregnant sky
the end of the world they say
for lunch, I'm having pork
I know it was from a sow
and that she had many piglets
one of them was a skinny black runt
it's still alive
and remembers its mother didn't give it
her teat
I'm also having an onion
that grew beside a highway
I bought it
from a young bearded man
and his young jealous wife
I'm also having potatoes
I won't say anything about the potatoes
out of respect
I better keep my mouth shut
or there's going to be
trouble.

jagnjići

danas jedemo one
što su se juče igrali
sutra bacamo ono što je ostalo
psima
mačke teramo od vrata da ih psi ne
udave
deca su počela u mraku da osećaju
tela
deca su počela u mraku da čuvaju
tajne
sedela sam na livadi i videla
pruga oblaka prešla je preko sina mog
dok je čučao u vodi
i plakao
sedela sam na livadi i videla
oblake kako prave sliku
a onda se slika izgubila
prošao je dan i došla je noć
slatka slatka noć
mirišljava trava i nebo
zvezdano.

ja volim život moj
samo on mene
ne voli.

little lambs

today, we ate some
that gamboled just yesterday
tomorrow we'll toss the leftovers
to the dogs
we'll shoo the cats away so the dogs won't
savage them
in the dark, children sense their
bodies
in the dark, children keep their
secrets
I sat in the meadow and saw
a band of clouds cross above my son
while he squatted in their shadows
and wept
I sat in the meadow and saw
the clouds form an image
that disappeared
the day passed and night fell
sweet, sweet night
fragrant grass and the sky
star strewn.

I love my life
but life doesn't love
me back.

lepota

cvet
ima li šta lepše
leptir
ima li šta lepše
ptica
mala ptica
ima li šta lepše
dete
malo dete
ima li šta lepše
ima
mali oblak što ga dete gleda i čovek što
prilazi i zaklanja oblak
i dete plače
a tamo blizu kelnerica
sa modricama služi piće
a ja hrskam kožicu
prase
ima li šta lepše
od praseta.

beauty

a flower
is there anything more beautiful
a butterfly
is there anything more beautiful
a bird
a little bird
is there anything more beautiful
a child
a small child
is there anything more beautiful
there is
a little cloud that a child gazes at and the man who
approaches and blocks his view
and the child cries
nearby a bruised
waitress serves drinks
and I chew on cracklings
roast piglet
is there anything more beautiful
than roast piglet.

brižit bardo

pre dvadeset godina moji ujaci svi
imali su duge kose
i duge brkove
hodali su bosi
po oštrom kamenju
jedan je otišao
zbog jetre
drugi zbog srca
ovi što su ostali
ćelavi su
i dalje imaju brkove
usahle obraze
kašlju nad svojim rakijama
love krapove na jezeru
to je najbolja slatkovodna riba
jako velika a nije masna
onda ih istresu ispred kuće na kamen
i deru dok se ovi
još mrdaju
jel ga boli pitam ja
ne
ma boli ga
ujak mi daje čekić
da ga dokrajčim
ja ne mogu
prestaću da jedem ono
što ima oči
mislim u tom trenutku
pola sata kasnije
jedem, jedem
i tražim još.

brigitte bardot

twenty years ago, all my uncles
had long hair
long moustaches
walked barefoot
on sharp rocks
one of them croaked
on account of his liver
another one from his heart
and the ones still around
are bald
still have moustaches
sunken cheeks
they cough on their rakija
they catch carp on the lake
the best freshwater fish
very large but not fatty
my uncles whack them on a rock
in front of the house
and descale them while they are
still moving
are they in pain I ask
no
don't give a shit
one uncle hands me a hammer
to finish them off
I can't
I think in the moment
I'll stop eating anything
with eyes
half an hour later
I eat and eat
asking for more.

hercog

pivo i tekila
i šta je to
posle pola života
piva i tekile i raznih godina
šta je bilo sa onim pametnim dečakom
što je vežbao na prečki i klatio se na stolici
virtuozno i znao odgovor na svako pitanje
a nikad se nije javljao kad drugi ne zna
da ne ponizi
šta se desilo
tuđina
valjanje pornića
primljen metak triesosam
nekoliko žena i nekoliko dece
i mutan mutan život
mutan mutan posao
mutan mutan čovek
postao onaj prćasti dečak
šta su ti zla vremena
šta ti je tuđina
i ko je sad taj čovek
ja ga ne poznajem
što je još gore plašim se
a nije baš lako da se ja
uplašim.

herzog

beer and tequila
and what's that
after half a life
after all the beer and tequila and many years
what happened to that smart boy
who used to exercise on the crossbars and rocked in his chair
a virtuoso who had the answer to every question
but didn't ever raise his hand when the others didn't know
so as not to embarrass them
so what happened
a foreign land
he sold porn under the table
was shot by a .38
had a few wives and a few children
and a shady shady life
a shady shady job
a shady shady man
from a snub-nosed boy
that's what comes of evil times
and a foreign land
and who's that man now
I don't know him
what's worse he scares me
and I don't scare
easily

bili holidej

šta kaže ova mala?

ona bi da igra

ne izgleda tako

brate, svako može da igra

video sam buru u čaši
i komarca u odelu
video sam velikog džoa
sa rupom na čelu

ja sam video mo
kako sama sebi liže pupak
video sam belu kučku
kako čisti stepenište

to mora da si sanjao, brate

mislim da sam video sve
ali nisam video da neko igra ovako usrano
kao ova mala

ajde mala, pokaži noge

čekaj, vidiš da je tužna

ajde sestrice, šta znaš da radiš?

da pevam

billie holiday

what's this young thing going on about?

she wants to dance

doesn't seem so

brother, anyone can dance

I saw a storm in a glass
and a mosquito in a suit
I saw big joe
with a hole in his head

and I saw moe
licking her own belly button
I saw a white bitch
cleaning a stairwell

you must've dreamt this, brother

I think I saw it all
but never have I seen such a shitty dancer
like this young thing

c'mon, young thing, show us your legs

wait, can't you see she's sad

c'mon sister, what can you do?

I can sing

ona zna da peva

pevaj nešto tužno

ajde mala, pevaj nešto tužno
pratim te

onda je bili zapevala
tužno
o baltimorskom stepeništu
o velikim kurčevima
kako to boli, nije šala
kako bole ruke i zglobovi, sestro
nije šala
boli od šamara
boli od šutiranja u bulju
boli od podliva
boli od čudnog voća
koje visi na drveću.
kako boli malu bili
dole je boli
dole

na dnu stepeništa
ona je pevala.

she can sing

sing something sad

c'mon, young thing, sing something sad
I'm watching you

then billie sang
ruefully
about a baltimore stairwell
about big dicks
about how much it hurts, no joke
about how hands and joints hurt, sister
no joke
hurt from a face slap
hurt from an ass-kicking
hurt from a bruise
hurt from strange fruit
hanging from trees.
how much it hurts little billie
it hurts below
below

at the bottom of the stairwell
she sang.

d. h. lorens

jedne me godine tako sjebao taj
stari pušikarović da sam počela
da gledam momke po pumpama
i njihova široka ramena i uske guzove
i jabučice
počela sam ozbiljnu priču sa momkom što je
radio u vodovodu
imao je široka ramena uske guzove i
jabučicu i
ogromne lepe šake veće od moje glave i
kitili smo jelku i posećivali moje pravoslavne
drugarice
i kupio je mom sinu pantalone
posetili smo njegovu baku
ona je izgledala kao
beba bila je toliko stara
jednog dana rekao me je
dobro, to što pišeš pesme to je sasvim u redu
ali to nije ozbiljan posao i ja
nemam ništa protiv i ja pišem pesme
pokazaću ti i pokazao je
majko moja mila stidim se kad se setim
čiste mržnje koju sam osetila i
odvratnog smeha
koji je poleteo i sve se okrenulo
i nisam više mogla sa njim
ni da svršim
majko moja mila čemu te divne šake
i ta ramena i uski guzovi i jabučica
čemu to sve
zašto je napisao te pesme
i završila sam priču

d. h. lawrence

so one year after mr. cocksucker
fucked me up I started
to check out younger guys at gas stations
their broad shoulders, tight asses
and adam's apples
then I got serious with
a plumber
who had broad shoulders, a tight ass
and an adam's apple
thick gorgeous hands bigger than my head
we decorated the christmas tree together and visited
my religious girlfriends
he bought pants for my son
we visited his grandma
she was so old she looked like a craggy baby
one day he told me
good you write poetry that is quite alright
it's just not a real job and I
have nothing against it, I write poetry also
I'll show it to you
and so he did
oh mother
I still blush when I recall
my fury
my derisive snort
erupting and everything started spinning
I couldn't even
cum with him
oh dear mother why the gorgeous hands
and those shoulders and tight ass cheeks and adam's apple
what's the point
why would he write those poems

i dobila sam još pesama
majko mila i bože oprosti stidim se
kad se setim te čiste mržnje i tog
odvratnog smeha
zašto nekom
padne na pamet da zagadi i jelku i
pantalone i te divne šake pa napiše
takve pesme
bacila sam to
kad se setim osetim čistu mržnju
i odvratan smeh
i tako
priča se završila
tada sam imala jednog druga
nije bio dobar čovek
ni loš
onako
taj ništa nije radio
i počela sam sa njim
a d. h. lorens pušikarović kome smrdi iz usta
i neće
osećam njegovu čistu mržnju i njegov
odvratni smeh.

so I put an end to that story
but he kept sending even more poems
holy mother of god I blush
when I recall my fury and
my derisive snort
why would he ruin
the christmas tree and the pants
and those gorgeous hands and write
such poems
I threw in the trash
I'm furious when I recall
my derisive snort
and so
the story ended
I had a friend
neither good
nor bad
nothing more
a do-nothing
I hooked up with him
so the d. h. lawrence cocksucker with bad breath
didn't end up with me
nor will he
I still feel his fury and his
derisive snort.

lili brik

tako me nazvao neki čuveni drkadžija
bila je žurka
a ja sam otišla sa eritrejcima
palila pare ko nastasja
drala se po ulicama
vatala se sa pantomimičarem
onda smo naišli na neke zemljake
u toj severnoj zemlji
visok crn
plave oči
isterao je ove što su bili sa mnom
rekao mi je
nisi u dobrom društvu
sačekaj me ispred
završavam za petnaest minuta
pobrinuću se za tebe
onda sam se napravila da čekam
i pobegla
brže bolje
a eritrejac siroma
dobio batine.

lily brik*

that's what some famous jerk called me
at a party
I'd shown up with some eritreans
I burned money like nastasya**
I howled out into the street
I made out with a pantomime
then we ran into one of my countrymen
in that northern country
tall, dark
blue eyes
he drove away the eritreans
he told me
you aren't in good company
wait for me out front
I'm done in fifteen minutes
I'll take care of you
I pretended to wait for him
then took off
the sooner the better
but the poor eritreans
got beaten up.

---

*   Lily Brik (1891–1978): Russian author and socialite who was married to poet and critic Osip Brik (1888–1945) and a lover and muse to the poet Vladimir Mayakovsky (1893–1930).

** Nastasya Filippovna is a character from Fyodor Dostoevsky's *The Idiot*.

o bože, rano proleće

gadan vetar i jako sunce
veš na terasama
oprana kola
koja su udarila čoveka
leži sa čudno izvrnutom nogom
taksi čeka
smušenog da dovede debelu
koja tek što je presekla vene
nekog malog su tukli
onda je pritrčao jedan još manji
i pljunuo ga.

oh god, early spring

a ghastly wind and blazing sun
laundry flapping on balconies
a washed car
struck a man
sprawled now with a strangely twisted leg
a taxi waits
for a disoriented man to bring out
an overweight woman
with freshly slit wrists
some little boy was being beaten up
a smaller boy ran up
and spat on him.

bombardovanje

srećni su svi i žvaću
na daći je vreme lepo
meni se hvata boja na rukama
i poprsju
razmišljam hoće li me neko
srećna je novopečena udovica
srećno je nerođeno dete
nema veze što mu majka čeka autobus
koji neće doći
jer je porušen deo grada
živi smo zdravi smo
mostovi zatvoreni
namazala sam karmin
jebe me sa sa svakim
živa sam zdrava sam
proleće je
nemamo ni kišu
ne pamtim ovakvo proleće
vojin je na frontu artiljerija
u epizodi opstanka pustinjska krtica
on je nemac i ne sme u šumu
tamo je jebena gerila
bale je pvo
debeli mare je u rezervnoj muriji
sa kumom sam išla da praznimo čamac
tamo smo shvatili kako je život lep
onda nismo mogli više da idemo
jer su stalno gađali
neku stanicu u blizini
nisam znala da ima stanica
videla sam samo
murijaški teren za fudbal

the bombing

they're all happy chewing
the weather's nice at the daća*
my arms and chest are catching
a suntan
I'm wondering if anyone wants me
happy is a newly minted widow
happy is an unborn child
never mind that its mother waits for a bus
which will never come
because that part of the city is now in ruins
we're alive and healthy
our bridges closed
I put on lipstick
I want to fuck everyone
I'm alive and healthy
it's springtime
there is no rain
it's the best spring in recent memory
vojin is in artillery at the front
in a survival episode like a desert mole
he's like a german who can't venture into the forest
because of fucking guerillas there
bale is in the anti-aircraft unit
fat mare is a reserve cop
my godmother and I went to clean out the rowboat
by the river we realized how beautiful life can be
but then we couldn't go there anymore

---

* The *daća* is a memorial service with a priest held forty days after the funeral of the deceased. It involves food, so it's also like a picnic with the dead. For example, if the deceased used to smoke, then you would place a lit cigarette in the ground for them. The forty-day observance without food is called the *parastos*.

onda je kum otišao u veziste
tamo su svi bili mrtvi pijani
i pljuvali u nebo
hit je bila neka maloletnica
što je drkala preko žičane ograde
prljava mi je kosa nema vode
raščešljala sam se do krvi
čekam leto da obučem mišelinke
i odem na savu
onda nek gađaju ko im jebe mater.

because they kept bombing
a nearby station
which I didn't even know existed
I saw there
a soccer field for cops
then my godfather became a communications officer
around him everyone was dead drunk
spitting at the sky
they got turned on by a teenage girl
who jerked them off through the fence
my hair is filthy there is no water
my scalp is bleeding from scratching
I'm waiting for summer so I can wear a tube top
and go to the sava
they can keep bombing
who gives a fuck.

istina ima teranje

tako se zove pit bul
brata mog
istina
i on kaže da neće da joj da više
da se pari
jer bulovi se ne daju lako
tako da kad je uhvate
dvojica je drže
a treći je kara
i ne može da prestane
dok ne završi
sve liči na sliku
zato će ubiti istinu
jer mnogo je čupavo
kad istina ima teranje.

truth in heat

truth
that's what my brother
named his pit bull
he says he won't let her
mate anymore
because pit bull puppies are difficult to give away
so when the males catch her
two hold her down
while the third fucks her
and he can't stop
until he finishes
it all makes quite a picture
that's why he'll put truth down
because it's hairy
when truth is in heat.

devojčice što radiš sa kaputima

devojčice što radiš sa kaputima
zašto ne sedneš za moj sto
da ti kažem
jednom kad sam ulazila
u kuću
napala me sreća
ne trpim je kurvu.

devojčice što radiš sa kaputima
zašto ne sedneš za moj sto
da ti kažem
čekam ga ovde
nismo se smejali danima
jedu nas zidovi
more nas stare slike
lupa nam staro srce.

devojčice što radiš sa kaputima
zašto ne sedneš za moj sto
dosta sam popila
moram da kupim cigarete
tako si nametljiva
ne smem da te pogledam
počećeš da pričaš
a ja ne želim da te slušam
želim da ćutimo
idem po cigarete.

ti me pipaš iznad lakta
ne znaš da se tu odvija
čudan proces
to je mesto koje stiskam

you, girl, at the coat check

you, girl, at the coat check
come over here sit at my table
I want to tell you
at home
once
happiness struck me
that fickle whore.

you, girl, at the coat check
come over here sit at my table
I want to tell you
I'm waiting here for him
we haven't laughed for days
the walls are eating us
old paintings haunt us
our old hearts pound.

you, girl, at the coat check
come over here sit at my table
I had a lot to drink
now I need cigarettes
you're so insistent
I can't look at you
or you'll start talking
and I don't want to listen to you
I want us to be quiet
I need to get cigarettes.

you touch my elbow
you have no idea what happens there
a curious ritual
that's the place I squeeze

kada spavam
bez.

devojčice što radiš sa kaputima
lupa nam staro srce
jedu nas zidovi
hoćemo tamo negde
evo ga
ulazi
miriše
nećeš videti ništa neobično.

devojčice što radiš sa kaputima
neko dvoje ljudi sreli se
a ja sam htela da ti kažem
ne znam više šta
sad su te oči
ispred mene
pada teška kiša
ja sam se rodila.

devojčice što radiš sa kaputima
ja se kupam
devojčice što radiš sa kaputima
ja se davim
devojčice što radiš sa kaputima.

when I sleep
alone.

you, girl, at the coat check
our old hearts pound
the walls are eating us
we want to go someplace
here he is
coming in
cologned
you won't notice anything unusual.

you, girl, at the coat check
two people met
and I want to tell you
something but I don't know what
now those eyes
see me
the rain pours in
I am born.

you, girl, at the coat check
I'm taking a bath
you, girl, at the coat check
I'm drowning
you, girl, at the coat check.

boks

divno popodne
jedna žena priča kako joj
umro plod
pokazuje mi ukraden bicikl
treba da ga kupim
ima sitne zube i lepe oči
bila je bolesna
dvorište je strašno prljavo
videla sam i kuću u kojoj prave
lavove grifone i baštenske patuljke
smrdi
momci imaju stomake
devojke imaju momke
reka je čudno čista
malo mi treba
i već sam
ho ho
onda mi se vrati
mrtav plod
namiguje mi gadno
dođe mi da ga
pripalim.

kennel

what a wonderful afternoon
a woman told me
her fetus died
she had been sick
she showed me a stolen bicycle
she wanted me to buy
she had small teeth and beautiful eyes
her yard was filthy
I later saw a house where
a griffin and a garden gnome
were being installed
there was a stench
the guys had paunches
the girls had the guys
the river was oddly clean
I didn't need much
I already felt
la-di-da
then I recalled
the dead fetus
it gave me a terrible wink
I had a good mind to
set it on fire.

srebrna prašina

snimamo po čitav dan i danas smo
kupili pikado
moj drug kaže jednom me jedan
toliko iznervirao da sam mu zvekno
pikado u nogu
a posle je taj upisao vojnu školu.
danas smo snimali dole jamu
gde su pacovi debeli ko prasići
i rudari ih hrane kažu
kad se pripitome služe dobro
kad beže pacovi oni znaju
da je đavo odneo šalu
pa beže i oni
u rudniku je glavni ciganski đavo
on se zove čohano
a u hodnicima rudnika su murinje
to su duhovi sa lampama na glavama
priđeš mu a tamo nema čovek
samo odelo rudarsko
dole ne silaze žene
ima slika kako ženu jebe magarac
nije lako ali te porno zvezde zarade
kako ovaj ne može da sanja
jedan mi dao šal pa mu bilo krivo
što ne miriše lepo
ima kafana rudarska noć
i ima kafana šoferski san
ima riblji restoran sa devojčicama
ima jedna isprošena prošle nedelje
mentalno zaostala
od dvanaest godinica
ide u nemačku

silver dust

we've been filming every day and today we
bought darts
my friend says one time some guy
provoked him so much that he threw
a dart into his leg
after that, the guy enrolled in military academy.
today we filmed down a tunnel
where the rats were as fat as piglets
and the miners fed them saying
when you tame them they come in handy
they flee when they know
the devil is going to play for keeps
so the miners run too
the roma devil rules in the mine
her name is čohani
and down in the mine's tunnels are murine
ghosts with lamps on their heads
when you approach them no one's there
only miner's clothing
women don't go down there
there's a picture of a woman being fucked by a donkey
no easy task but those porn stars sure can make bank
a miner wouldn't believe how much
a miner gave me a scarf but he felt bad
because it stank
there's a kafana called miner's night
and another kafana called trucker's dream
there's a fish joint with some girls
some guy asked one to marry him last week
she was twelve years old
with an intellectual disability
she's now going to germany

priroda je potuljena meka
otrovne vode isparavaju
u plućima se lepi od srebrne prašine
a u kafanama nije veselo
pa sedim kod kuce i igram pikado
udaram zid a napolju
crn sneg
psovao nas stari rudar što ga zovu maradona
upišo se
rekao je da će da nas prebije
pa da nas prejebe
kelnerica ga izbacila
rekla nam da radi tu popodne
a ujutru u polju
ne može puno da priča sa nama
tu joj je svekar
koji leže sa njom
muž radi u alžiru
deca porasla
otišla
a pevačice
nema nigde
bila je jedna priča se
svi su je voleli
došao jednom verenik po nju
video je jedan
u dobrim kolima
video je drugi
kako gura kolica sa blizancima gore u gradu
video je treći
kako radi na televiziji
ne zna tačno gde je video
video je četvrti

nature is soft and conniving
toxic vapor evaporates
in the lungs where the silver dust sticks
and the kafanas are cheerless
so I sit at home and throw darts
into the walls and outside
black snow
a miner nicknamed maradona cursed us
pissed himself
said he'd beat us up
said he'd fuck us up
the waitress kicked him out
she said she works in the kafana in the afternoon
and in the field in the morning
she doesn't have time to talk to us
said her father-in-law is around
who lies with her
her husband works in algiers
her children grew up
and left
the miners say
there used to be a singer
who's no longer around
everyone loved her
her fiancé picked her up one day
one says he saw her
in a nice car
another says he saw her
pushing a stroller with twins up in town
a third one says he saw her
on tv
but doesn't recall where
a fourth one says

kako drži trafiku ima čak tri
radnice
a pljeskavice
ko tepsija
ali ja sve mislim da nije tako
završila
mislim da hoda serpentinom
i peva:

na uskrs sam se rodila nano
a svaki dan umirem
pomalo
pomalo.

she owns a kiosk and even has three
employees
and the pljeskavicas
are huge
but I don't think she
ended up that way
I think she walks down a serpentine road
and sings:

I was born on easter, nana,
and every day I'm dying
little
by little.

prebaci

ja sam u berlinu
imam nove crvene čizme
u berlinu
vrlo živom
tu ne živim
tu živi jedan pauk na prozoru
neću da ga diram
i ljudi mnogo voze bicikle
to mi se ne sviđa
jer ne znam da vozim bicikl
pare što trošim
otkidam deci od usta
trošim ih
nosim flašu piva u ruci
ulicama
i oči su mi pune suza
kad sam trebala da putujem nisam mogla
nisam imala para
nisam imala papire
imala sam dete malo
sve što je posle došlo
nije došlo na vreme

u berlinu sedimo
u kafani šagal
sa ludim rusom koji je radio zgibove
da nam pokaže koliko je snažan
glatko izbrijanim rusom
i sa jednim iz velsa koji se skroz iscrto
mora da ima nešto i na dupetu

moglo je da počne da se dešava

posturing

I'm in berlin
I'm wearing new red boots
in berlin
very lively
I don't live here
the spider on the window does
I leave it be
people ride their bikes a lot here
I don't like it
because I don't know how to ride a bike
I spend money
better spent on kids
I spend it
I carry a bottle of beer in my hand
through the streets
my eyes full of tears
when I should've travelled I couldn't
I didn't have money
I didn't have papers
I had a small child
everything that came after
came too late

we sit in berlin
in café chagall
with a crazy russian doing pullups
to show off his strength
he has closely cropped hair
and with a welsh guy covered in ink
and probably on his ass too

at any minute

rus je mogao da prebaci
da krene da se bije
velšanin je mogao da prebaci
i da nas udari tupim predmetom
uzme moje nove čizme i pobegne
teško bi mi skinuo sa noge
moglo je da počne da se dešava
da plačemo i pevamo
i da se bratimimo
da se sečemo
pa ko živ ko mrtav
ovako smo otišli na buritose
i gledali bogatu američku decu
kako muvaju konobaricu
bez rusa i velšanina
oni su izvodili svoju tačku
i dalje
nisu prebacili
ja imam nove
crvene čizme.

the russian could've said something
to start a fight
the welsh guy could've said something
and hit us with a blunt object
snatch my new boots and split
though it would've been hard to take them off
at any minute
anything could've happened
we could've cried and sung
and palled around
and slashed our wrists
who's to say who lives and who dies
instead, we went for burritos
and watched rich american kids
hit on the waitress
the russian and the welsh guy
left behind, still posturing
didn't end up fighting
and I'm still wearing my new
red boots.

stanica

zvone zvona i poljanom ide ker
blato se osušilo i devojka nema tople čarape
miriše ko cvećara grobljanska
dobacuju joj na stanici
ona se pravi da ne čuje
pas je zalajao na sunce koje mu je pobeglo
iza supermarketa
tamo iza je bila deponija
crne ptice su tu ručale
bogami i večerale
smejem se
imam flašu u džepu
još ovaj put
još ovaj put
da mislim da sam na svom mestu
jedna fina gospođa
koja sasvim zasluženo će da sljušti flašu
valjda se majku mu vidi
da sam na svom mestu
a ne na
deponiji.

station

bells clang and a cur trots across a field
the dried mud smells like a cemetery flower shop
the girl isn't wearing warm socks
some men catcall her at the bus station
she pretends not to hear them
the barking dog chases the escaping sun
there used to be a landfill
behind the supermarket
black birds used to have lunch
and even dinner there
I laugh
I have a bottle in my pocket
just this once
just this once
to imagine that I have my act together
that I'm a fine woman
who has earned the right to chug the bottle
damn, I hope everyone can see
I'm in a good place
and not
in the landfill.

jok

nisam bila tu
kad je bilo to
samo znam da je bilo
mnogo dobro.

nope

I wasn't there
when it happened
I only know it was
really good.

puj puj

prosila me baba zla
nisam joj dala
nešto mi je rekla
nešto mi je loše
mislila
ja sam za njom pljunula
prošla sam pored mrtvačnice
i jedne bolnice
i još jedne
i ušla u treću
i tamo u hodniku je jedan čovek bez nogu
jeo kikiriki
i slušao radio.

puh puh

a vile hag hit me up for change
I gave her nothing
she said something
cursed me
I spit to ward it off
I passed a morgue
a hospital
and another
and entered a third
there in the hallway a man without legs
was eating peanuts
and listening to the radio.

pravim koncept mlada

pa ređam na stočić
muzičku kutiju sa fiokama
za sitan nakit
gola barbika
jaše suvenir bika
a toreador lako lomljiv
naslonjen na pikslu
koja je napravljena od kamena
ispod koga su bile ostrige
stočić se klima
kutija ne svira
barbiki lomim noge
a bik već nema rep
pljujem u pikslu.

a child's concept

so I place on an end table
a music box
with drawers for small jewelry
a naked barbie
rides a souvenir bull
and a very fragile bullfighter
reclines against an ashtray
of rock
a rock that once covered oysters
the end table is rickety
the music box broken
and the bull's tail broken off
I break barbie's legs
and spit into the ashtray.

brate

spavamo u kolima
a napolju je takvo leto
da mi dođe da budem drvo
stalno mislim
kakva ti je koža
hoću samo da te gledam
kad bi hteo da preskačeš konopac
koji ja vrtim
kad bi hteo da ti budem jastuk
a ti da nosiš noćnu kapu
da me stežeš dok sanjaš
vozove koji te stižu.

you, brother

we sleep in the car
and outside it's such a summer
that I feel like being a tree
all the time I imagine
what your skin feels like
I just want to look at you
skipping rope
that I twirl
you want me to be your pillow
while you wear a night cap
you squeeze me as you dream of
oncoming trains.

moja ćerka

moja ćerka
biće lepa
na treći pogled
otac je neće
ostaviti
trčaće lako
skakaće
daleko
pevaće lepo
gledaće me
nežno
znaće kad da priča
kad da ćuti
otac je neće
mrzeti
mama je neće
ne
moja ćerka
biće zdrava
biće jaka
biće biće
pokazaću joj strašnu peć
pokazaću joj zgaženog ježa
pokazaću joj crnu zvezdu
neće da se plaši
smejaće se vuku
pljunuće vepra
leteće sa pticama
pričaće o meni
lepo.

my daughter

my daughter
will be beautiful
at third glance
her father won't
leave her
she will run with ease
she will jump
far
she will sing beautifully
she will look at me
tenderly
she will know when to talk
when to be silent
her father won't
hate her
her mother won't
no
my daughter
will be healthy
will be strong
will be, will be
I will show her a terrible furnace
I will show her a trampled hedgehog
I will show her a black star
she will not be afraid
to laugh at the wolf
to spit at the boar
to soar with the birds
she will speak well
of me.

iz *Dece* [deda je strašan]

deda je strašan on mumla
i pipka po grudima i oko rupice
deda je đavo to je čikica koga guraš
od sebe kad te dohvati iza kuće

[…]

kad je deda mamin tata umro bilo je jako lepo
dvorište je bilo puno ljudi koji su došli
da ga isprate kako treba
sve smo devojke sestre od ujaka i tetaka i ja
imale napete isprane crne bluze i crne suknje
preko krupnih kolena
crne uske cipelice sa oguljenim štiklama
deda je bio u najvećoj sobi
tamo gde smo spavale na dušecima
bio je na stolu u sanduku
i dalje naočit tako žut i mrtav
i svi su išli da mu se jave
i da se slikaju pored kovčega
njegove tri ćerke i sin
naši roditelji bili su baš ponosni što je deda i dalje
naočit tako mrtav
mi smo se naduvali i napili
devojke i momci krvlju vezani
pod lozom i smokvinim lišćem sedeli su čisti doterani
rođaci i komšije i prijatelji
došli sa svih strana
svečani i srećni što se vide
prva je devojka stupala prava kao strela
niska i kočoperna sa punđom
okruglih sapetih malih grudi

from *Children* [my maternal grandpa was a monster]

my maternal grandpa was a monster
he mumbled and would feel the chest and around the small hole
grandpa was the devil he was an old man that you pushed
away when he grabbed you behind the house

[...]

when my maternal grandpa died it was very nice
the backyard was full of people who came to
pay their respects
we were all young women my cousins relatives and I
in tight faded black blouses and skirts
covering our big bony knees
narrow black shoes with worn heels
grandpa was in the biggest room
there where we slept on mattresses
he was in a casket on a table
still looking learned yet so yellow and dead
everybody came to see him
to be photographed next to the casket
his three daughters and son
our parents were still so proud that grandpa still
looked learned while being so dead
we got high and drunk
us boys and girls with blood ties
under the vine and fig leaves we sat clean dressed up
cousins and neighbors and friends
came from all over
solemn yet happy to see each other
the first young woman entered walking tall
short and no-nonsense with a bun
with round perky little breasts

i nosila poslužavnik sa cigaretama
desetak paklica različitih i svaka je
morala da bude otvorena i dve-tri cigarete
izvučene u čulnoj i mirisnoj dobrodošlici
druga je stupala tanka visoka nežna
sa ciktavim krtim čašama punim hladne vode
divne su joj mlade grudi drhtale pod
tankim vratom
treća je stupala mesnata zelenih očiju
guste vrane kose sa niskim čelom
i velikim usnama
a na poslužavniku se crveneo i žuteo mirisni
domaći sok
ja sam vrckavo nosila poslužavnik sa skuvanom
kafom u malim šoljicama svaka je bila pošećerena
posle ću proći sa gorkim kafama
a najmlađa i najlepša sa divljom grguravom kosom
maslinasta dugih nogu ždrebica nosila je
poslužavnik sa rakijom u malim čašama
najlepšim u kući izvađenim za tu priliku
opranim i obrisanim
i prolazile smo dvorištem pa nazad u kuću
da dopunimo poslužavnike
poneko je tražio hladno pivo
prijalo je kada debelu bocu priljubiš
uz tanku bluzu i bradavice dok ideš tamnim
na tamjan mirisnim hodnikom
na široke betonske stepenice izađeš
na žegu i potmuli bruj ljudi i žena
a deda leži u velikoj sobi
i ne može da ustane
u kuhinji smo se kikotale i pile rakiju i pivo
a iza kuće smo skidale štikle

she carried a tray with cigarettes
ten different packs and each
had to be opened with two to three cigarettes
pulled out in a sensory and fragrant welcome
another girl was thin tall and gentle
with hissing brittle glasses full of cold water
her beautiful young breasts shook below
her thin neck
a third one was fleshy with green eyes
thick black hair and small forehead
full lips
and on her tray red and yellow fragrant
homemade juice
I flirtatiously carried a tray of
turkish coffee with sugar in small cups
later I brought unsweetened coffee
the youngest and most beautiful olive-skinned one
with long wild and curly hair like a young mare carried
a tray with rakija in shot glasses
the fanciest tray especially taken out for that occasion
washed and dried
and we walked between the backyard and the house
to refill the trays
someone would ask for a cold beer
it felt good to press the fat cold bottle
to your thin blouse and nipples while you walked down the dark
incense-filled hallway
then you walked down the concrete steps
into the oppressive heat and the murmur of muffled men and women
yet grandpa lay in the living room
and couldn't get up
in the kitchen we cackled drinking rakija and beer
and behind the house we took off our heels

prstima i petama prianjale za topli beton
nema ništa lepše dok nam je u nos ulazio
miris patlidžana i lubenica iz bašte a smokve su
padale poneka uz meki uboj na suvu zemlju
tu kod tih smokava iza kuće deda je znao
svaku od nas da uhvati za sise i pičku
najmlađa je pitala jednog starca
hoćete još jednu rakiju a on je njoj rekao
brojiš li mi ti
i mi smo potrčale belim nogama do prve slobodne sobe
i smejale se i smejale a onda je ušla najmlađa tetka
i rekla deda vam je umro bednice
a vi se smejete

deda je bio siroče
sa strinom je opštio od trinaeste godine
deda je bio četnik nekad je
vriskao u snu kad bi se setio šta je radio
zaklao je muškarce sa druge strane brda na izvoru
čim je imao zgodnu priliku
muškarci su išli tada po vodu
da se ne bi žene i devojke jebale
prisilno ili voljno
onda je prešao u partizane
baba je bila ružna i starija od njega
baba je imala gaće u koje smo mogli
da stanemo nas dvoje
moj brat od ujaka i ja
skakali smo u tim gaćama a onda bismo pali
bio je žilav i tanan taj moj mali brat
dok smo ležali tako u babinim gaćama
zagrljeni pomešani smejući se uzbuđeni
pod lozom bez vazduha

and our bare feet hugged the warm concrete
there was nothing better than smelling
the eggplant and watermelons from the garden and the figs
sometimes fell softly onto the dry earth
there by those figs behind the house grandpa knew
to grab each one of us by the tits and the pussy
the youngest one asked an old man
would you like another rakija and he asked
if we were keeping count
and we ran with our pale legs to the first available room
and laughed and laughed and then the youngest aunt came in
and said your grandpa just died you cretins
yet you're laughing

grandpa had been an orphan
he started having intercourse with his cousin at thirteen
he was a chetnik and
he used to scream in his sleep when he remembered what he'd done
he slaughtered the men from the other side of the hill at a spring
whenever he had a chance
back then men would go to fetch water
so that the women young and old wouldn't fuck
willingly or unwillingly
then he switched to the partisans
my grandma was ugly and older than him
she had underwear that could fit
both my cousin and me
at the same time
we would jump up and down in her underwear and then we'd fall
he was sinewy and thin that little cousin of mine
while we lay in grandma's underwear
hugging intertwined laughing excited
under the vine without air

dok su svi u kući ćutali i dahtali
pod vrućinom
u kotlini u tajnama strašnim

while everybody else in the house kept quiet and panted
in the heat
in the valley with terrible secrets

nešto za prevera

danas sam skočila u bazen
i videla školjku
nikom nisam rekla da je tu
sakrila sam je u svlačionici
stavila na uvo
ništa se nije čulo
opet sam je vratila u bazen
onda sam je svima pokazala
svi su je stavljali na uvo
ništa se nije čulo
izašla jedna debela žena iz saune
i njoj se učinilo da je čula nešto
odnela je sa sobom
i promenila svoj život.

zaspala sam popodne
i sanjala čudan san
kako ja u školjki živim
stojim na vitrini debele žene
i vidim kako se dere na ćerku
dete ima tamne podočnjake
dete ima žute zube
dete se jebe i ne svršava
debela se dere na nju
gde je ostavila čarape
kako je prljava
kako su joj loše ocene
kako su joj žuti zubi
kako su joj loše ocene
kako su joj žuti zubi
kako će da upropasti svoj život
onda ulazi očuh u prostoriju

something for prévert

today I jumped into the pool
and saw a seashell
I didn't tell anyone about it
I hid it in the locker room
I put it to my ear
couldn't hear anything
I brought it back to the pool
then I pointed it out to everyone
they all put it to their ears
couldn't hear anything
but a large woman who came out of the sauna
thought she heard something
so she took the seashell with her
and changed her life.

that afternoon I fell asleep
and had a strange dream
I lived in the shell
in the large woman's glass case
watching her yell at her daughter
the child had dark circles under her eyes
the child had yellow teeth
the child fingered herself but couldn't cum
the large one yelled at her
about her losing her socks
how filthy she was
how bad her grades were
how yellow her teeth were
how bad her grades were
how yellow her teeth were
how she'll ruin her life
then the stepfather came in

debela i on odlaze na večeru
ja izlazim iz školjke
uzimam malu za ruku
vodim je da stvarno
upropasti svoj život
debela postaje adventista
očuh se ženi rumunkom
mala uživa sa mnom
u crnom gradu
debela provali jedan dan školjku
i ulazi unutra
vidi mene i malu
sedimo pored reke
varimo šiš, pijemo špricer
vrištimo na oblake
skačemo na talase
kešamo se na jedrenjake
debela povraća
povraća i povraća
kaže eto kako si mi vratila
što sam te podizala tolike godine
ne može da stane od povraćke
vidimo da će da umre
smejemo se
sedamo u čamac
idemo prema mostu
da vrištimo ispod mosta.

the large one and he went out to dinner
I left the shell
I took the little one by the hand
to lead her to really
ruin her life
the large one became an adventist
the stepfather married a romanian
the little one had a good time with me
in the black city
one day the large one broke into the shell
saw me and the little one
sitting by the river
digesting shish ćevapi, drinking spritzer
screaming at the clouds
jumping into the waves
hanging onto sailboats
the large one puked
puked and puked
said is this how you pay me back
for raising you all these years
she couldn't stand up from puking
we could see she was dying
laughing we climbed into a boat
rowed toward a bridge
to scream under it.

pas koji je pojo sunce

bio jednom jedan
mnogo gladan pas
svaki dan je jeo po troje velikih
i četvoro malih
pripadnika ljudske rase
onda se umorio i lego da spava
došlo je proleće
sunce je probudilo gladnog psa
pas je skočio na sunce i proguto ga
hoće pas i mene da proguta.

kuče pas, kučetu pasino,
psino mrcino
dam ti kost malu
veliku sam bacila vrapcima
a vrapce pojeli golubovi
prejeli se i pukli
eto
pojeli i onu babu
što ih je hranila
celu celcatu
sa sve kosti
ni kap krvi ostala.

nema sunca psino
izašla jednom, nema ga
sakrila se u ulaz i istrčala
na kvarno
nema ga
samo ludi pera drka iza žbunja.

klozetska šolja

the dog that ate the sun

once upon a time
there was a very hungry dog
every day he ate about three bigger
and four smaller
members of the human race
then he grew tired and fell asleep
spring came
the sun woke up the hungry dog
the dog jumped at the sun and swallowed it
this dog wants to swallow me too.

puppy dog, you puppy hound,
you beastly bastard
I gave you a small bone
the big one I tossed to the sparrows
and the swallows got eaten by pigeons
they overate and burst
there you go
they also ate that old lady
who fed them
all of her
bones and all
not a drop of blood left.

no sun, you hound
I came out once, it wasn't there
I hid in the entryway and bolted out
so slick
it wasn't there
only loony pera jerking off behind the bushes.

a toilet bowl

sa balerinom koja igra
kad pustiš vodu
ne smeš da ležiš na podu
načeće te pacovi.

sela psini na kičmu
i zmaju na rep
jedemo ptice u letu
i žabe u skoku.
mora da padne žrtva
stavljam mu glavu u čeljust
da zagolicam ždrelo
onda će da povrati sunce
zmaj odlazi sa zalaskom
mnogo dobar kaubojac
ima poetsku dimenziju
samo sam ja davno svarena
i israna u govnetu debelom.

with a swirling ballerina
when you flush
you mustn't lie on the floor
or rats will nibble on you.

I straddled the hound's spine
and a dragon's tail
we ate birds in flight
and frogs in mid-leap.
there needed to be a sacrifice
I shoved my head into the dog's jaw
to tickle its maw
so he'd puke up the sun
the dragon leaves with the sunset
a really good cowboy
it has a poetic dimension
but I was digested long ago
and shat out as a fat turd.

ptičje oko na tarabi

ptičje oko na tarabi
srećo moja
kaže znam vas
znam vas
lažete
živeli ste pevali ste
pričali ste priče neke
ljubili ste kidali ste
bacali se ljuljali se
na planine na daleke
sad guzice polažete
uši su vam rasle rasle
dlake su vam zlatne
ruke negovane
gotovo je gotovo je
sa planina
sa dalekim
gotovo je kaže ptica
gotovo je kaže zec
gotovo je kaže lija
vuk se smeje
čeka da se izgubiš
da te pojede na snegu
da te pije debelog
gotovo je sa pevanjem
gotovo je sa ljubljenjem
uši rastu oči rastu stomak raste
a planine a daleke
a drumovi a to nebo
a sve prođe a guzica
a guzica pojede nas
a guzica a golema

the bird eye on the fence

my sweet bird eye
on the fence
says, I know you
I know you
you are lying
you lived, you sang
you told some stories
you loved, you tore yourself apart
you swayed and hungered for
the distant mountains
now you plant your big ass
your ears grow and grow
your hair is golden
your hands moisturized
it's over, it's over
with the distant mountains
it's over, says the bird
it's over, says the rabbit
it's over, says the fox
the wolf laughs
waiting for you to weaken
so it can eat you in the snow
and drink from your fat body
it's over with the singing
it's over with kissing
ears grow, eyes grow, stomach grows
and mountains, so distant
and roads and that sky
and everything passes, yet the big ass
the big ass swallows us all
the big ass, monstrous
the bird eye on the fence

ptičje oko na tarabi
kaže
kurac ste vi
vaše uši vaše oči
ptico moja ne gotovo
maramu za tebe imam
crvenu od kurve jedne
crvenu i crnu
da ja tebe da namamim
da ti oko zatvorim
maramom te ja zadavim
da ti krila slomim
da te gazim da ukopam
ptičje oko na tarabi
da tarabu ja zapalim
i da odem na planine
na planine na daleke
i da vrištim na planine
i da rastem na planine
i da skočim sa planine
slatki vazduh ja da dišem
ptičje oko na tarabi
ugasiću da ne gledaš
poleteću preleteću
preko mora preko gora
a kad dođem jadna ptico
tišina i puzavica
svetlo na prozoru
na kosi su ruke tople
a drveće pušta sok
a grane se njišu
a nebo je sivo
put sa blatom osušenim

says
you're shit
your ears, your eyes
ah, my little bird eye, it's not over
I have a red scarf for you
from some whore
red and black
to lure you
to close your eye
to strangle you with the scarf
to break your wings
to trample you, to bury you
you, bird eye on the fence
I'll burn the fence down
and go to the mountains
to the distant mountains
to scream at the mountains
and to grow despite the mountains
and jump off a mountain
to breathe sweet air
you, bird eye on the fence
I'll block the light so you can't see
I'll take flight and fly across
across the seas, over the mountains
and when I arrive, poor bird eye
silence and vines
light from a window
hands warm wrapped in hair
and the trees ooze sap
and the branches sway
and the sky is gray
wheel tracks down the road
bugs buzz above the dried mud

tragovi su od točkova
a u njima bubičice
gore dole
gore dole
konji jedu pored puta
dobre su im ljudske oči.

up and down
and all around
horses graze by the roadside
their human eyes suit them.

crni čovek

crni čovek je doneo
doneo je mrtvu ribu
ne znam kad je prestala
prestala da se batrga.

još uvek ruke njemu
njemu na ribu mirišu
i njegove oči postale su
postale su riblje.

zamoliću da mi da
da mi da mali poljubac
i onda ću i ja
onda ću ja da mirišem.

plakaću dugo pod nebom
pod nebom od ribljih očiju
zastaće mi pod grlom
pod grlom riblja kost.

grimmonger

the grimmonger brings
brings me a dead fish
I don't know when it stopped
stopped flopping.

his hands still
still smell like fish
and his eyes become
become fish-like.

I ask him to give
give me a little kiss
now I will
will smell like a fish.

I cry under the sky
the sky full of fisheyes
a fishbone stuck
stuck in my throat.

teška krila

magla pala na reklame
ptice plove pa se spuste na moj krov
pa pričaju
udaraju krilima
kada bi ušle te ptice
kada bi ušle
kada bi ušla ta magla
kada bi ušla
bi li me magla poklopila
i ptice oči popila
ili bi se ptica zavrzla
a magla rastočila
od mojih ptica iz ušiju
i moje magle iz ustiju.

heavy wings

fog fell over a billboard
birds floated then swooped onto my roof
then spoke
beat their wings
if only those birds slipped in
if they slipped in
if the fog slipped in
if it slipped in
would the fog cover me
and would the birds slurp my eyes
or would a bird choke
and the fog dissipate
from the birds pouring from my ears
from the fog pouring from my mouth.

laka krila

ala sam se probudila
probudila oživela
spavala sam nedeljama
spavala sam mesecima
spavala sam danima
sanjala sam zmije
sanjala sam kako skidam jednu po jednu
košulju
i ne mogu da skinem
a hoću da stavim na sebe
haljinu zelenu
kao smrt u vodi
kao zmiju što sam sanjala
sanjala sam kako se valjam po hodnicima
valjala se valjala
nisam se probudila
telo staro mrtvo
telo tužno pusto
ala sam se probudila
probudila oživela
jutro jedno
sneg napolju
svraka na prozoru
namignula.

light wings

oh, did I wake up
wake up, come alive
I slept for days
I slept for weeks
I slept for months
I dreamt of snakes
I dreamt that I pulled off one shirt after
another
but I couldn't take them off
I wanted to put on
a green dress
like death in the water
like the snake I dreamt of
I dreamt that I rolled down hallways
rolled and rolled
I couldn't wake up
my body—old, dead
my body—sad, desolate
oh, did I wake up
wake up, come alive
one morning
snow outside
the crow at the window
winked.

oktobar bato

ja kad budem igrala
sve će da stane
i slikaće me
hoće i svi će
da igraju sa mnom
lišće pogotovo lišće
krvavo
noge će da budu mokre
posle će da bude rakije
kuvane i smeha
da bude
ja kad budem igrala
sa krvavim lišćem
bato
samo da znaš.

october

when I dance
everything will cease
they'll take pictures of me
yes they will and everyone will
want to dance with me
leaves especially the leaves
bloody leaves
my feet will be wet
after there will be hot
rakija and laughter
so it will be
when I dance
with bloody leaves
oh yeah
just so you know.

iz *Dece* [a spadalo usud je sledećeg leta ...]

a spadalo usud je sledećeg leta
došao prerušen u krezavog mladića
posle premijere u pozorištu gde smo svi
stajali i čekali besplatno piće
i onda sam ga ugledala kako skida crvenu rolku
preko svoje male lepe žitokose glave
sa velikim plavim očima i crvenim usnama
dugačkim tankim vratom vretenasti
beli lepi mladić sa širokim ramenima
i dugačkim prstima
stalno namršten a kad se nasmeje
kao da sto klikera zazveče i
zakotrljaju se mladić što se trlja po glavi
i više leži nego što sedi mladić
što je pao godinu na umetničkom fakultetu
što mu je devojka otišla u ludnicu
što mu je majka svako jutro išla po svežu kiflu
tako prazan i tako pun
lep kao slika i lenj i umiljat
pa smo bili male mutne zvezde
klubova i parkova jedna bela i jedna tamna ruka
i moglo je da se završi ali avaj
pošao je za mnom na more i pala je strašna
mlada ljubav kao grad na jaganjce
nikad do kraja ne možeš imati
to telo osim da ga poješ
nikad do kraja tu lepotu osim
da iskopaš oči i nikad da budeš sam
nemaš stan ni sobu da legneš
o kako mi mrzimo roditelje i koliko
smo bolji od njih o kako
mi mrzimo profesore i koliko

from *Children* [fate sent me the rascal...]

fate sent me the rascal the following summer
on the opening night of a theater
he came disguised as a youth missing half his teeth
while we stood waiting for free drinks
he pulled his red turtleneck
over his beautiful corn-colored hair
his big blue eyes and lust-red lips
his long thin spindly neck
a gorgeous pale youth with broad shoulders
long fingers
frowning yet when he laughed
a hundred marbles rattled and
rolled the youth who rubbed his head
reclined more than he sat a youth
who flunked out one year at art school
whose girlfriend was locked up in the madhouse
whose mother would buy him fresh *kifle* every morning
so vacuous and so full
pretty and lazy and seductive
so we became little opaque stars
at clubs and parks his pale hand holding my olive hand
and it could have ended as such but no
he followed me to the seaside and terrifying
young love fell like a litany of hail on little lambs
you can never feel complete with
that body until you devour it
never can you have enough of that beauty unless
you gouge out your eyes and never can you be alone
you don't have an apartment or a room to lie in
but how we hated our parents and how much
better we felt we were and how
we hated our professors and how much

smo bolji od njih
i jedan dan zbog bola
jer to boli da umreš
ja kažem
svrši unutra nema šta drugo
u ovom slučaju da se radi
i deca su napravila dete
i otišla da žive kod roditelja
a strašna mlada ljubav
pala kao grad na jaganjce
prošla je brzo
sa trudnoćom prošla brzo sa dojenjem
prošla brzo
razvukla mi grudi i stomak i prošla brzo
došao nam je sin koji nije kao drugi ljudi
nismo napravili čoveka
to nas je ubilo oboje
mi smo
ljušture neke klimoglavci
automati
džuboks što pušta svaku petu pesmu
i šta bi bilo da se tamo vratim
gde je počelo
gledam i vidim
sada tek vidim ga onaj dan
baš ono leto onaj sat
u beloj kamenoj kući
da mi je opet u taj dan
baš ono leto onaj sat
kad je pošao gde i ja
kad je rekao to je to
i obraz mu je bio slan
i jezik mu je bio plam

better we felt we were
until one day all that pain
hurt so much we wanted to die
and I said to him
cum inside me there is nothing else left to us
and so there we were
children conceiving a child
and we went to live with our parents
and a terrifying young love
fell like hale on little lambs
it passed quickly
pregnancy passed quickly breastfeeding
passed quickly
it stretched out my breasts and stomach and passed quickly
our son came to us who wasn't like other people
we didn't make a human
and that killed us both
we were
husks bubbleheads
automatons
a jukebox skipping every fifth song
had I been able to return there
where it all started
then I would've seen that day
that very summer that very hour
in the stone white house
if I could've relived that day
that summer and that hour
when he followed me
when he said that's it
and his cheek salty
and his tongue hot
why didn't lightning strike us down

i što nas nije pogodio grom
u taj čas na krevetu tom
na krevetu sa golim dušekom
u beloj kući pored mora
na zemlji usred strašnog rata
da mi je da mu kažem tad
život nam je gotov sad
baš ovo leto u ovaj dan
u ovaj sat taj strašni sat
lepi taj mladić zlatnodlak
kad je živo čudo sišlo
da zatre i otruje nas
da čuda sanjaš i nemaš spas
đavo me bio načeo tad
dete posadio u stomaku mom
to dete moj je krst i bol
a sve je počelo u krevetu tom
krevetu sa golim dušekom
da mi je da se vratim sad
u ono leto onaj dan
da kažem beži ne okreći se
beži od mene dok još si mlad
od mene imaćeš težak jad

at that moment in that bed
on that bare mattress
in the white house by the sea
on the earth during a horrifying war
had I been able to tell him then
that our life was over
that summer on that day
at that hour that horrifying hour
that gorgeous gold-haired youth
when a miracle descended
to destroy and poison us
to make one dream of miracles without salvation
the devil bit into me
and planted a child in my belly
that child has been my cross to bear
it all started and ended in that bed
on that bare mattress
if I could only go back now
to that summer and that day
I would've said run don't turn back
run from me while you're still young
from me only misery awaits you

ghost town

kako bih želela da odem u taj grad
u tu zgradu
u tu sobu
tamo je devojčica sa crvenom kosom
gleda na police sa knjigama
bosa je ima pantalone
drži ispruženu ruku na kojoj je
parče hleba sa džemom
ona gleda i žvaće polako
iza nje je dečak
naslonio glavu na ruku
i neće da je pozove
pušta da stoji kao slika
sa ispruženom rukom
on je bled
kao i svi dečaci koji ne izlaze na vazduh
kako bih želela da se vratim
da uđem u nju
ona je tako blistava
tako slobodna
tako glupa
ona je tako zagledana
ona je tako radosna
ona je kao slika
posle će da upadne u vodu
postaće jedna žena
koja bi sad nešto da popije.

ghost town

how I wish to go to that city
into that building
into that room
to that red-haired girl
looking at the shelves with books
barefoot in pants
her outstretched hand holding
a piece of bread with jam
she looks and chews slowly
behind her a boy
rests his head on his hand
he won't disturb her
he lets her be still as a painting
with her hand extended
he's pale
like all boys who don't go outdoors
how I wish to return
to go inside her
she glows
so free
so quiet
so absorbed
so joyful
so like a painting
afterward she'll fall into the water
to become a woman
who needs a drink.

ulica

oprosti mi, oprosti mi moj mali sine
lepša mi noć nego dan i kuću ne volim
oprosti mi, oprosti mi moj mali sine
žao mi grudi i žao mi mleka i želim
još jednom da se rodim
da pevamo, da pevamo moj mali sine
nešto o zvezdama o dugom putu o
morima i okeanima
da molimo da molimo moj mali sine
da nas preskoči svaka muka i prođe
nas ovo teško što je sad
da plačemo da plačemo u tvojoj šumi
toj šumi strašnoj i divotnoj prepunoj
kiše i sunca i zvukova koje ne znaš
odakle dolaze i čemu su
oprosti mi, oprosti mi moj mali sine
što nikad nećeš biti porastao
oprosti mi što ja ne starim
lepša mi ulica nego kuća i želim
po mokrim ulicama dugo da gazim
do nekog svetla i muzike
kako je tamo gde si ti
spavaj da mogu napolje.
spavaj.

the street

forgive me, my little son
I prefer night to day and don't like our home
forgive me, my little son
sorry I can't give you my breast and my milk and I want
to be newly born
so we can sing, my little son
something about the stars, a journey over
seas and oceans
to hope, my little son, for every agony to skip over us
and for hard times to pass
to cry in your forest
that horrific forest, beautiful and brimming with
rain and sun and the sounds whose
origins and purpose mystify you
forgive me, my little son
that you'll never grow up
forgive me, that I won't mature
I prefer the street to home and want
to walk the wet streets
to lights and music
how are you over there
fall asleep, so I can leave.
sleep.

ljuljaška

tekla je reka mutna i opasna
pored nje bila su trula debla
to više tako ne izgleda
i nema mesta gde bih legla.

breze su bile tužne tanke
divne su bile breze strašila
a znoj je bio ljut od mučenja
deca se nisu glupa ljubila.

zašto čitav život ti napiše dete
glupavo dete pored strašnih breza
pored strašnih breza i mutne reke
dete što ne zna gde ide i šta ga čeka.

flaša se razbila u mukli sumrak
vino se prolilo u zelenu travu
a preko mosta se probudio grad
i počeo ružno da peva.

trulo je deblo zagrlilo dete
i čovek preko njega
a crne ptice putuju
tamo gde leže tela.

ljuljaška sedi sama
ljuljaška sama u noći.
šta li je tamo sve bilo
šta li će sve da bude.

i onda prođu godine
dečak je bio da ratuje

the swing

a dangerous opaque river once flowed
past rotten tree trunks
it doesn't look like that anymore
no place for me to lie down.

the sad and thin birch trees
were beautiful scarecrows
and the sweat angry from agony
no one kissed the silly children.

why does a child write your whole life
a foolish child beside the horrifying birch trees
beside the horrifying birch trees and the opaque river
a child unaware of where to go and what's in store.

a bottle broke in the mute dusk
the wine spilled into the green grass
a city awoke across the bridge
and began its ugly tune.

the rotten trunk hugged the child
with the man on top
and black birds flew
over where the bodies lay.

the swing sits alone
the swing alone at night.
whatever happened there
will happen.

and then years went by
the boy had gone off to war

čovek je grupo ostario
loše mu stoje zubi.

na rukama zarasli štepovi
i nema duge kose
nema života samo sećanja
možda na zeleno dete.

zašto je dete zeleno kidao
da li misli čovek
a žena sa punim rukama
sedi u strašnom znoju.

jer eno dečak se smeši u sumrak
glupavo sedi na ljuljašci
smeje se belim punim zubima
on muči žive i neće da ode.

on kaže želim tvoje telo
grudi i kosu i tvoje usne.
ja zovem tebe da dođeš
da dođeš kod mene na ljuljašku.

strašne su breze i mutna reka.
strašna je ljuljaška što su je skinuli
brezo, grlio bih tvoju tanku koru opet
opet bi da ti čujem glas.

nemoj me zvati ja volim muža
nemoj me zvati ja imam decu
nemoj me zvati zapaliću sveću
nemoj me zvati ja kod tebe neću.

the man aged poorly
his teeth ill-fitting.

overgrown stitches on his hands
he no longer has long hair
no life only memories
maybe of a green child.

did the man wonder why he'd torn apart
the green child
and the woman with full hands
sat in a terrible sweat.

the boy smiles at dusk
vacantly sitting on the swing
he smiles with his full set of white teeth
he tortures the living and won't leave.

he says I want your body
your breasts your hair and your lips
I'm calling you to come
to come to me on the swing.

the birch trees are horrifying and the river opaque
horrifying is the swing that was taken down
birch tree, I would hug your thin bark again
to again hear your voice.

don't call me I love my husband
don't call me I have children
don't call me I will light a candle
don't call me it's you I cannot handle.

❋

mornari vojnici

ne stidim se više
šta je bilo bilo je
bilo bi dobro da je bilo više
setim se tebe što si mrtav
i tebe
i tebe
ne stidim se više
bilo bi dobro da ste živi
ne žalim
imam sada kuću blizu reke
sadim oko kuće
bilo bi dobro da ponesete
neke letvice nešto da radite tu
oko kuće
bilo bi dobro da odemo negde čamcem
mada ja više nisam onako zgodna
a ne bi bili ni vi
da niste na primer mrtvi
bilo bi dobro da imate dobre žene
i neku decu pa da im napravimo da jedu
i onda da pijemo
i da se deremo na tu decu
tako treba
i da ste na primer živi
setili bi se kako smo bili mladi
i kako smo se sviđali
i otišli bi na pumpu po još pića
i usput bi bacili đubre a psi bi jurili da ujedu
za točkove
možda bi se goli okupali
u reci
možda bi ulovili prase

sailors, soldiers

I no longer feel bad
what happened, happened
it would've been better had there been more
I remember you, now dead
and you
and you
I no longer feel bad
it would've been better if you were still alive
I regret nothing
I now have a house by the river
I garden
it would've been good had you brought
a garden trellis to help out
around the house
it would've been good to go somewhere in a boat
though I'm not the looker I used to be
you wouldn't have been either
had you not, you know, died
it would've been good had you tied the knot
and had some kids to make them something to eat
and then we'd drink
and yell at them
as is right
and if you were, you know, alive
you'd remember how young we used to be
and how we had the hots for each other
and how you used to drive to the gas station to pick up more booze
and throw trash out the window while dogs snapped at
the wheels
maybe you would've gone skinny dipping
in the river
maybe you would've caught a piglet

i potukli se sa nekim
tako treba
znam da bi mislili na mene
možda i više nego
što ja mislim na vas
zato što bi bili bolji ljudi
nego što sam ja
da ste na primer
živi.

gotten into a fight
as is right
I know you'd be thinking of me
maybe even more so
than I of you
because you'd be better people
than I
if you were, you know,
alive.

telo

nekom si crkva
nekom pljuvaonica
nekom livada
nekom kibla

crkva je prazna
livada je ugažena
u zimu je dubok sneg
cveće i balega na njoj na livadi

kibla je blaženo bela
i ima stida u njoj
veličanstvena kibla
livada sa opalim lišćem

nekom si pseto
nekom si ptica
nekom si san
nekom si sutra

pseto sam ja
i ptica sam ja
i san sam ja tebi
sutra me neće biti.

a body

you are somebody's church
somebody's spittoon
somebody's meadow
somebody's bedpan

the church is empty
the meadow trampled
in winter a heavy snow
flowers and dung in the meadow

the bedpan blissfully white
there is shame in it
the magnificent bedpan
the meadow with fallen leaves

you are somebody's dog
you are somebody's bird
you are somebody's dream
somebody's tomorrow

I am a dog
and a bird
I am your dream
tomorrow I won't be.

ja

rekli su mi da prestanem da pušim
kazali su mi na četiri strane
naredili iz prošlosti i budućnosti
povikali iz grobova od nebesa
rekli su mi da prestanem da pušim
ali ja to volim imajte milosti
kada sam patila nisam kupovala
ja sam pušila
kada sam štetila nisam bila na masaži
ja sam pušila
kada mi je bilo bolesno dete
ja sam pušila
kada mi je bila bolesna majka
ja sam pušila
kada su me gazili i gnjavili i pljuvali
ja sam pušila
kada su ma hvalili i grlili i ljubili
ja sam pušila
ko me gleda vidi pušim
ko me ne gleda neka zamisli
šta da radim ja volim cigaru
ona mi je drug.
da ostavim tako druga
da ostavim druga
da poživim da podišem
ostavila sam mnoge drugove
da ostavim i nju.

kakav sam ja to čovek
svi znaju
nikakav.

i

they told me to quit smoking
told me from four sides
they ordered me from the past and the future
they shouted from the graves and the heavens
told me to quit smoking
but I love it, have mercy
when I suffered I didn't shop
I smoked
when I was sore I didn't have a massage
I smoked
when my mother was ill
I smoked
when they walked all over me harassed me and spat at me
I smoked
when they praised me hugged me kissed me
I smoked
those who look at me see me smoking
those who don't look at me can imagine me smoking
what can I do I love a cigarette
it's my friend.
to leave a friend like this
to leave a friend
to live and to breathe
I've left many friends
oh, to leave this one too.

what kind of person am I
everybody knows
not a good one.

crna kašika

zarobljena sam
u svojoj kući
svojim životom
svojim ručkom koji se krčka
svojim dlakama u kupatilu
svojim krpama na paravanu
zatvorim oči
i zarobljena sam
svojim govnarima
svojim vitezovima
svojim gospama trulim
koje piju
pa ne mogu da zašiju
dugme
ja živim dobrim životom
majka me nije tukla pet puta dnevno
da zaslužim što jedem
kao što je majka moje majke
tukla moju majka
ja živim dobrim životom
ne radim po čitav dan kao moj
brat sa velikom glavom
i jednom nogom tanjom
živim dobrim životom
jedem a nekad
i popijem
šetam a nekad i
putujem
samo ne kupujem
ne kupujem
ja ne verujem u boga
bogu fala

tin spoon

I'm trapped
in my own house
by my life
by my simmering lunch
by my clumps of hair in the bathroom
by my rags hanging over a partition
I close my eyes
and I'm trapped
by my shitheads
by my knights
by my overripe ladies
who drink
and can't sew
a button
I have a good life
my mother didn't beat me five times a day
to be worthy of what I eat
like my mother's mother
beat my mother
I have a good life
I don't go to some job all day like my
brother with a big head
and one leg thinner than the other
I have a good life
I eat and sometimes
I drink
I go for a walk and sometimes
I travel
I just don't go shopping
I don't go shopping
I don't believe in god
thank god

kao moja sestra
nekad lepa
živim dobrim životom
jer živim sa kim hoću
kad hoću
i koliko hoću
za razliku od mog
oca koji ima
oči kao mladić
nikad bio
živim dobrim životom
mogu da se ušikam
u jedan
mogu da se otreznim u pet
i onda odem u park
gde će moj sin da obrće
jednu rečenicu
a moj pas da ode
pod kola
eto i taj pas
me zarobio.
čudesnu.

like my sister
who was once beautiful
I have a good life
because I live with whomever I want
whenever I want
as long as I want
unlike my
father who had
the eyes of a young man
but was never young
I have a good life
I can get wasted
at one
sober up by five
and then go to the park
where my son will keep repeating
the same sentence
and my dog will hide
under a parked car
and there, even that dog
has trapped me.
miraculous.

drug moj

lepi se za mene očaj slatki
kao med za poklopac
grli me lepi očaj slatki
kao baba što je smrdela
na pišaćku
ima lice kao bebe sa žuticom
ima noge dugačke i krive
ima oči žive
ima podšljiva usta
i dlakave bradavice
i nije ni muško ni žensko
očaj moj slatki
šapuće mi nežno
a ja ništa ne razumem
samo me stegne oko srca
kaže mi da nisam živela
kaže mi da nisam volela
kaže mi da ne valjam
ali da me on voli
očaj moj slatki
i najviše sa mnom
voli da se napije
a on zna tolike
značajne ljude.

my friend

sweet despair sticks to me
like honey on a lid
beautiful, sweet despair embraces me
like a grandmother who reeks
of piss
it has the face of a jaundiced baby
long bowed legs
vibrant eyes
a lousy mouth
and hairy nipples
it is neither male nor female
my sweet despair
whispers to me
but I don't understand anything
it tightens around my heart
it tells me I haven't lived
it tells me I haven't loved
it tells me I'm worthless
but tells me it loves me
my sweet despair
loves above all
to get drunk with me
and yet it knows so many
important people.

vesela

kada mi dođe radost
neka mi padne na usta
i na oko i na ruke
neka mi dođe brzo

kada mi dođe smrt
neka mi dođe dok ležim
neka mi dođe na usta
neka mi padne na oko
neka mi dođe brzo

na moju ludu glavu
na moje bistro oko
sijaj

joyful

when joy comes to me
let it fall on my mouth
and on my eyes and on my hands
let it be quick

when death comes to me
let it come to me while I sleep
let it come to my mouth
let it come to my eyes
let it be quick

on my crazy head
on my clear eyes
let it shine

odo

ja neću brod kao karver
hoću čamac
i to onaj plitki drveni
sa dobrim motorom
jer voda smiruje
voda blaži
voda ti kaže da ima još
sve lepše izgleda
na vodi
i oni grozni veliki brodovi
plaše kad stoje
ne kad plove
i pacov kad se praćakne
lep je
u vodi
i puna je govana
i leševa
i ljuski od krompira
i plastičnih flaša
al ide ide
tamo negde
gde hoću i ja.

off i go

unlike carver, I don't want a ship
I want a boat
a shallow, wooden one
with a strong engine
because water calms
water soothes
water tells you there is more
everything looks better
on the water
even those ghastly big ships
terrify when docked
not when they sail
even when a rat goes for a splash
it's beautiful
in the water
full of shit
corpses
potato peels
and plastic bottles
but it flows and flows
there, where
I want to go.

DIÁLOGOS
DIALOGOSBOOKS.COM